3일이면 나도 브랜드 전문가

실무자를 위한 브랜드 마케팅의 모든 것

3일이면 나도 브랜드 전문가

노장오 지음

21세기북스

"브랜드 마케팅? 브랜드 네이밍? 그거 대기업에서나 하는 거잖아
요." 브랜드의 필요성에 대해 말하면, 대개 이런 반응이 돌아온다.
물론 예전에 비해 브랜드에 대한 인식의 저변이 확대된 것은 사실이
다. 그러나 아직까지 브랜드를 신상품에 붙이는 이름 정도로 생각하
는 경우도 많다. 브랜드 마케팅이라고 하면 엄청난 돈을 들여서 톱
스타를 섭외한 광고를 가장 먼저 떠올리는 것 역시, 브랜드에 대한
선입견 때문일 것이다.

사실 브랜드라는 것은 이미 우리 생활 속에 들어와 있다고 해도
과언이 아니다. 우리가 사용하는 작은 물건 하나에서 서비스까지 모
든 것들이 브랜드화되어서 우리의 생활 속에서 작용하고 있다. 그런
데도 브랜드가 막연하게 다가오는 것은, 번역서 중심의 이론서가 주
를 이루고 있기 때문일지도 모른다. 아무리 이론적으로 필요하고 맞
는 말일지라도, 낯선 외국 사례가 중심이 되어 있는 말들은 먼 곳의
이야기처럼 들리게 마련이다. 우리가 몸으로 체험하고 느낄 수 있는

실제 사례를 통해 브랜드에 대한 이야기들을 풀어갈 때, 우리 생활 속에 자리 잡은 브랜드에 대해서 더 쉽게 알 수 있을 것이다.

브랜드는 단순한 이름이 아니다. 시대가 변하면서, 브랜드는 기업 경영의 성패를 좌우하는 무형자산으로서의 가치를 지니기 시작했다. 여기서 새롭게 주목해야 할 것이, 브랜드의 범위가 나날이 넓어지고 세분화되고 있다는 점이다. 대기업의 제품에서부터 미용실 서비스, 작은 가게의 간판 하나까지 브랜드의 개념이 적용되기 시작했다.

이 책은 브랜드에 대한 기본적인 개념에서 실제 브랜드를 창조하는 과정에서 필요한 이론과 과정들을 국내 사례 중심으로 설명하고 있다. 그리고 브랜드 작업에서 빼놓은 수 없는 브랜드 네이밍의 방법과 브랜드의 법률적인 보호방법까지 하나의 브랜드를 만들기 위해서 필요한 전반적인 방법들을 다루고 있다. 브랜드 작업을 시작하는 사람부터 기업, 혹은 작은 구멍가게를 열고자 하는 사람까지 실제적인 도움을 줄 수 있도록, 이론적인 부분들을 쉽게 설명하는 데 주력을 두고 있다.

작은 구멍가게에도 브랜드가 필요하다고 말하지만, 사실 그 말처럼 멀게 느껴지는 말도 없을 것이다. 이 책을 쓴 동기는 10여 년이 넘는 기간 동안 브랜드 작업을 하면서 경험했던 부분들을 토대로 브랜드에 대한 전반적인 부분들을 짚어줄 수 있는 마케팅의 지침서가 되길 바라는 마음에서다.

누구나 한 번쯤 대박을 꿈꾼다. 브랜드는 대박을 만들어주는 요술 방망이가 되기도 한다. 그러나 그러한 바람 가운데 변함없이 존재하는 것은 소비자이다. 소비자의 마음을 읽고 그들이 원하는 것을 찾아서 제공하는 것이 대박 브랜드를 만드는 길의 시작이다. 브랜드의 전략과 네이밍, 디자인 과정 모두가 소비자의 마음을 사로잡기 위한 일련의 과정인 것이다. 대박 브랜드로 불리는 빅 브랜드라는 것은 결코 먼 일이 아니다. 어떻게 계획을 세워야 하는지를 아는 것만으로도 그 결과가 달라지는 것은 두말할 나위도 없을 것이다.

이 책이 책장이 아닌 책상 위에, 그리고 계산대 옆에 자리 잡기를 바란다. 그리고 계획을 세우고, 무엇인가 더 나은 결과를 만들기 위해서 열심히 뛰려는 사람들에게 실질적인 도움이 되었으면 한다.

2004년 7월
노장오

■ 지은이의 글

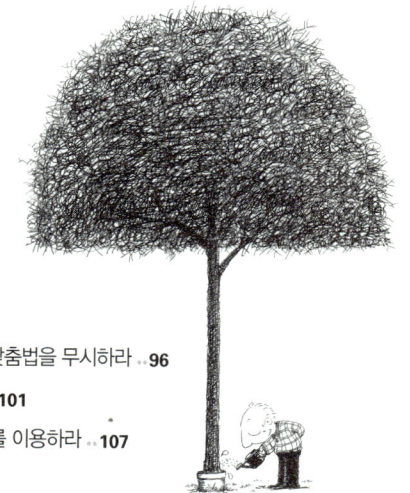

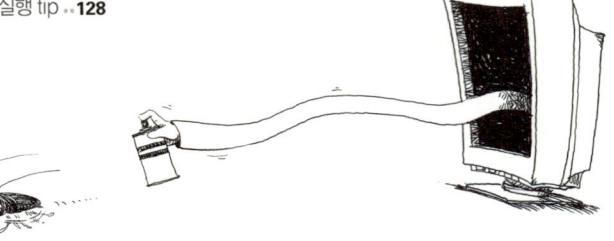

5. 브랜드를 강화하라

part 1

마케팅은 브랜드다

1

구멍가게에도 브랜드를 입혀라

브랜드는 넓고, 알 것은 많다

"옷 하나를 입어도 브랜드를 입어야지."

'브랜드를 입는다, 브랜드를 사야지' 우리는 생활 속에서 알게 모르게 브랜드라는 말을 많이 사용한다. 그럼 브랜드라는 것은 뭘 의미하는 것일까, 뭔가 비싸고 좋은 상표를 지칭하는 것이 브랜드일까. 물론 일부에서는 은어처럼 브랜드라는 말이 그런 의미로 사용되기도 한다. 하지만 브랜드라는 말은 더 넓은 의미를 포함한다. 그럼 여기서 한 가지 질문을 해보자.

다음 중 브랜드가 아닌 것은 무엇일까?

1. 샤넬 No.5(향수)

2. 맥도날드 빅맥(햄버거)

3. 이마트에서 제공되는 서비스

4. 앙드레 김

　자, 당신이라면 어떤 것을 선택하겠는가. 누구나 이름만 들으면 아는 향수? 왠지 브랜드일 것 같지 않은가? 그럼 맥도날드의 빅맥이라는 이름이 붙은 햄버거는 브랜드가 될 수 없을까? 어떤 공간하면 연상되는 친절한 서비스는 어떨까? 누구나 아는 사람의 이름은 어떨까? 브랜드 하면 상표를 떠올리던 당신의 머릿속이 혼란스럽지 않은가?

　사실, 이 모든 것이 브랜드이다. 브랜드라는 정의는 표시나 상징에 관한 통괄명칭이다. 쉽게 말해서, 향수의 이름 자체도 브랜드이고, 빅맥이라는 이름이 붙어 있는 햄버거 자체도 브랜드이고, 이마트를 연상하게 만드는 서비스, 앙드레 김 하면 떠오르는 화려한 문양과 옷에 이르는 모든 것들을 브랜드라고 부를 수 있다. 소비자에게 어필할 수 있는 대표적인 이름이나 그림, 상징, 표시, 그리고 연상시키는 작용들 모두가 하나의 브랜드를 만들어가는 요소인 것이다. 그리고 보면 우리 주변에는 온통 브랜드들로 가득하다.

　브랜드를 한국어로 어떻게 표현할 수 있을까. '상표'라고 많이 표현되는데, 물론 틀린 말은 아니다. 눈에 보이는 제품뿐 아니라, 서비스와 상호에 이르기까지 브랜드라고 할 수 있다는 점에서 브랜드라는 개념 안에 상표의 개념이 포함된다. 경제가 복잡해지고 유통구조가 복잡해지면서 편의상 많은 분류와 개념들이 쏟아지고 있다. 그러나 '한 가지, 남들과 구별되는 나만의 그 무엇을 만드는 것, 그리고 그 무엇이 소비자의 지갑을 열도록 하는 것' 이것이 우리에게 필요한 브랜드의 개념이다.

 생각해  봅시다

브랜드는 기업의 전유물이다?

'브랜드' 하면 가장 먼저 연상되는 것은?

혹시, 삼성이나 LG와 같은 대기업이 먼저 떠오르지는 않는가. 그리고 그 뒤를 이어서 트롬, 지펠, SM5와 같은 대기업들의 제품들이 함께 떠오르는가. 브랜드라는 말에는 '왠지 믿음이 가는' 전제가 포함되어 있다. 따라서 대기업의 경제활동이 많은 부분을 차지하는 한국의 경우, 브랜드와 기업 간의 관계를 떼어서 생각할 수 없다. 그러나 브랜드가 기업만의 전유물인 시대는 이미 지난 지 오래다.

브랜드란 특정 대상에 대한 이름, 이미지, 연상 등을 포괄적으로 설명하는 것이다. 주변을 둘러싼 모든 것들이 브랜드의 대상이 될 수 있다. 국가, 학교, 지역에서부터 작게는 개인에 이르기까지, 존재하는 모든 것들이 브랜드로 재탄생되는 것이 최근의 추세다. 미국, 영국, 일본에서부터, 배용준, 이효리, 전지현 등 사람들의 이미지 속에 자리 잡고 있는 모든 것들이 브랜드인 것이다.

브랜드는 이미지와 그에 따른 연상작용을 일으키기도 한다. '산소 같은 여자'라는 카피가 있었다. 산소는 자연에 존재하는 원소 중의 하나. 하지만 산소 같은 여자라는 카피에 사용되면서 산소는 깨끗함과 삶의 활력이라는 이미지를 획득했다. '라스베이거스'라는 단순한 지명이 그 도시 자체의 성격과 만나면서, '라스베이거스＝환락, 쾌락, 도박의 도시'라는 연상작용을 일으키는 것도 같은 맥락이다.

브랜드가 존재하는 이유는 인간이 인식을 통해서 세상을 판단하기 때문이다. 바꿔 말하면, 인간이 인식하는 모든 것이 이미 브랜드로서의 자격을 갖춘 셈이다. 브랜드는 오래전부터 인간의 의식구조 속에 존재하던 것을 발견해 낸 것이다. 그것을 가장 먼저 발견하고 이용하기 시작한 곳이 바로 기업과 마케팅의 영역이다. 일반적으로 사람들이 브랜드를 경영학의 용어로 이해하는 것은 이 때문이다.

브랜드는 더 이상 경제용어가 아니다. 이제는 구멍가게도 브랜드의 옷을 입어야 한다. 나만의 돈 되는 브랜드 역시 더 이상 대기업들만의 전유물이 아니다. '남들과 다른 작은 매력'은 브랜드를 만드는 핵심 열쇠이다. 구멍가게도 브랜드가 되는 시대, 나만의 브랜드, 이젠 내 손으로 만들어보자!

브랜드가 변하고 있다

브랜드의 개념이 확대되면서 브랜드가 될 수 있는 대상 역시 폭넓어지고 있다. 중소기업에서 제품을 브랜드화시키는 것은 이미 일반화된 지 오래다. 최근 중소기업의 경우, 대기업과의 차별화 전략으로 한 제품만을 전문적으로 다루는 '전문 브랜드화'를 추구하는 경향을 보인다. 중견 인테리어 가구 기업인 '까사미아'의 경우, 인테리어 가구업체라는 이미지를 이용, 인테리어 숍을 오픈해 현재 60여 대리점을 거느린 기업으로 성장할 수 있었다. 이탈리아어로 '나의 집'이라는 뜻을 가진 까사미아라는 이름처럼, 소비자에게 "집을 꾸미는 데 필요한 가구에서 소품까지 믿고 살 수 있는, 작지만 알찬 제품"이라는 브랜드 이미지는 까사미아 성공의 원동력이었다. 하지만 결코 우연한 결과가 아니다. 창업 초기 당시, 구멍가게 수준의 소품 가게에서 시작했지만, 아이템에서 브랜드 네이밍에 이르기까지 브랜드화를 염두에 둔 선구안이 종합 인테리어 라이프스타일 스토어라는 까사미아의 입지를 가능하게 만든 것이다. 구멍가게를 만들더라도 브랜드의 활용 여부에 따라 그 결과가 너무나 확연하게 달라지는 시대가 되었다. 이젠 구멍가게나 중소기업뿐만 아니라 국가와 도시, 그리고 대학에서 농산물에 이르기까지 다양한 분야에서 브랜드화를 시도하는 모습을 발견할 수 있다.

주위의 모든 것이 브랜드다

대학 서점에서도 책만 사는 시대는 지났다. 미국의 대학마다 대부분 큰 서점이 있다. 캠퍼스의 서점 한구석을 화려하게 장식하는 판매코너에 진열된 상품들을 보면, 웬만한 유명 관광지의 기념품 가게 못지않다는 생각이 들 정도로 많은 제품들이 판매된다. 학교 로고가 새겨진 티셔츠를 비롯해서 모자, 가방, 운동복, 컵, 열쇠고리, 물통, 노트 등 수많은 제품들이 학교 마크와 이름으로 디자인되어 팔리고 있다. 이런 제품들이 판매 가능한 이유는 대학 이름 자체의 브랜드 파워 때문이다. 예일대, 하버드대, 스탠퍼드대 등 일부 명문 대학들은 이미 단순한 대학이 아니라 인기 브랜드로 자리매김하고 있다. 이들 대학 브랜드 상품은 아이비 브랜드라 불리며 대학 재정을 보조하는 수단으로까지 활용될 정도로 엄청난 시장을 형성하고 있는 것

국가, 도시, 대학 등에서도 이미 브랜드 경쟁이 시작되었다.

이다. 여기서 주목해야 할 것이 있다. 대학도 상품성을 잘 살려 브랜드화한다면 교육에 필요한 재원을 마련할 수 있을 정도의 경제적 파워를 가질 수 있다는 점이다.

국내 대학들도 UI(University Identity) 개발에 주목하고, 새롭게 대학 브랜드화를 위해 시도하고 있지만, 아직은 미미한 수준이다. 최근 수험생 수가 대학 정원수를 밑돌면서, 대학의 이러한 브랜드화 전략은 수험생 유치를 위한 새로운 해결책으로 떠오르고 있다. 수험생들의 취향에 맞는 UI를 개발해서 대학 이미지의 차별화를 꾀할 수 있는 전략이 바로 대학의 브랜드화이기 때문이다.

도시 역시 마찬가지다. 제주도라는 말을 떠올려보자. 제주도 하면 으레 붙는 수식어들이 있다. 이국적 관광지, 한적한 해안도로, 아름다운 한라산, 국내 최고의 신혼여행지 등 제주도의 이러한 이미지는 국내 최대 관광지인 제주도의 입지를 더욱 확실하게 만들어준다. 제주도는 섬 전체를 관광과 관련된 이미지로 홍보하면서, 400만이 넘는 관광객 유치로 1조 이상의 관광매출을 올리며 강력한 지역 브랜드를 형성하고 있다. 많은 도시들이 도시 특성과 이미지가 강조된 도시 특유의 분위기를 만들기 위해서 노력하는 것 역시 이런 이유에서다. '하이! 서울 페스티벌', '수원 화성 축제', '보성 녹차 축제' 등과 같은 지역적인 성격을 강조하는 행사 역시, 도시를 브랜드화하는 방법이다.

그럼, 각 지역에서 생산되는 특산품은 어떨까. 특산품은 지역 제품 브랜드라고 할 수 있다. '이천 쌀, 보성 녹차, 영덕 대게, 제주 감귤, 순창 고추장'처럼 각 지역의 특색을 잘 드러내는 농수산물이 이제는 지역 제품 브랜드로서 그 이미지를 넓혀가고 있다. 이렇듯 지역과 특산품에 대한 브랜드의 성공 가능성이 높은 이유는 무엇일까. 그것은 바로 '우리 것'이라는 신뢰를 바탕으로 형성된 브랜드의 높은 신뢰도 때문이다. 특히 지역명이 보증하는 지역 제품 브랜드는 종래의 지방 특산물이라는 개념을 넘어 소비자가 믿고 신뢰할 수 있는 제품으로서의 가치를 제공한다. 때문에 소비자의 구매행위를 유도하고 지역경제의 활성화에도 이바지하는 파워 브랜드로의 성장 가능성은 더욱더 높아지고 있다.

소득이 증대되고 생활이 윤택해지면서 바쁜 일상과 스트레스, 인스턴트 식품에서 벗어나서 건강한 육체와 정신을 추구하는 라이프 스타일이 현대사회의 트렌드를 만들어가기 시작했다. 우리 것만을 먹고자 하는 소비자의 욕구가 강해짐에 따라 농산물의 브랜드화에 대한 중요성과 필요성이 자연스레 높아지고 있는 것이다.

국가도 브랜드다

"한국은…… 한국전쟁이 일어난 나라죠?"
2002년 월드컵을 기점으로 한국에 대한 이미지가 많이 좋아졌지만, 아직도 1950~60년대의 이미지에서 벗어나지 못하고 있다는 지적도 있다. GNP와 대외적인 이미지의 차이가 심한 국가에 대한 조사에서도 한국은 상위권을 차지하고 있다. 이렇듯 미약한 대외 이미지는 단순히 국가에 대한 이미지뿐만 아니라, 그 나라의 경제적·문화적 입지에도 영향을 미친다. 국가 브랜드에 대한 중요성이 높아지는 이유도 바로 이런 데 있다.

국가 브랜드란 특정 국가의 자연환경, 국민, 역사, 문화, 전통과 정치체제, 경제 수준, 사회 안정, 제품, 서비스, 문화 등에 관한 유형 또는 무형의 정보와 경험을 통해 내외국민들에게 의도적으로 심어주고자 기획된 상징체계이다. 쉽게 말해서, 한 국가의 모든 분야에서 긍정적인 이미지를 심어주기 위한 전략적 상징화 작업인 것이다. 국가 브랜드는 외국과의 외교활동을 원활하게 해줄 뿐만 아니라 자국 제품의 경쟁력을 강화하는 동시에 자국 제품의 브랜드 가치를 높이는 역할을 한다. 스위스에서 영세 중립국·평화국가라는 국가 브랜드 이미지를 적극 활용하는 것과 프랑스에서 문화·예술·패션의 국가라는 국가 브랜드 이미지를 통해서 대외적인 이미지뿐 아니라 경제적으로도 부가가치를 높이고 있는 것 역시 이런 맥락이다.

우리나라의 경우, '다이내믹 코리아'라는 모토 아래 국가 경쟁력을 업그레이드하기 위한 노력이 진행 중이다. 정부에서는 그동안 전쟁 위험의 분단국가, 과격한 노사대립국가 등의 부정적인 이미지를 없애고자 국가 이미지위원회를 조직해서 긍정적인 국가 이미지 구축을 위한 노력을 시도해 왔다. 다이내믹 코리아라는 이미지 역시 역동적인 한국, 21세기 아시아의 중심국가라는 긍정적인 이미지를 심기 위한 노력의 일환이며, 코리아 브랜드 컨퍼런스 행사를 개최하고 국내에서 개최되는 여러 국제 행사들을 중심으로 외국인을 대상으로 한 홍보활동에도 주력하고 있다. 국가의 이미지는 한 기업 그리고 제품의 경쟁력 제고에 막대한 영향을 끼치기 때문에 국가 브랜드 구축과 관리는 이제 떼어놓을 수 없는 과제인 것이다.

　이렇듯 사회의 패러다임의 변화는 경제활동 전반에 새로운 변화를 불러일으켰다. 대기업에서 중소기업으로 중소기업에서 구멍가게로 브랜드의 영역이 세분화되었고, 국가와 도시, 그리고 농산물에 이르기까지 그 영역이 넓어졌다. 물론 이러한 변화들은 앞으로 더욱 세분화되고 광범위하게 다가올 것이다. 이제부터 주위를 잘 살펴보자. 당신이 미처 발견하지 못한 브랜드가 당신의 시선을 기다리고 있을지 모른다.

2 소비자의 지갑을 열어라

왜 브랜드인가

"1974년에 출시되어 지금까지 매출 9,000억, 판매량 80억 개, 4,500만 대한민국 국민이라면 적어도 150개는 먹은 제품이다."

이런 대 기록을 가진 제품이 있다. 과연 무엇일까?

정답은 '초코파이'다. 이 외에도 초코파이가 가진 기록이 더 있다. 초코파이를 만드는 데 사용된 초콜릿의 양이 8톤 트럭으로 6,250대 분량인 5,000여 톤에 이르고, 그 초코파이를 한 줄로 늘어놓을 경우, 60만 킬로미터에 달한다는 것이다. 초코파이로 지구를 무려 열다섯 바퀴나 돌 수 있는 거리다. 게다가 2003년 〈동아일보〉의 기사에 따르면, 초코파이는 '새우깡'과 함께 향후 100년간 소비자의 사랑을 한 몸에 받을 장수 브랜드로 뽑히기도 했다. 이만하면 "잘 만든 브랜드 하나 100년 살림밑천 안 부럽다"라는 말이 나올 법하다.

초코파이의 경우, 처음 등장했을 때부터 소위 '대박 인기'를 누렸던 행운의 브랜드다. 1974년 초코파이가 판매되자, 간식거리에 익숙지 않았던 소비자들은 달콤하고, 허기도 적당히 때워주는 이 상품에 대해 많은 호기심을 갖기 시작했다. 그 결과, 상점 주인들이 물량을 확보하기 위해 새벽부터 공장 앞에 줄을 서는 일이 발생하기도 했다. 그러나 그때와는 달리 먹을 것이 많아진 지금도 특별한 재료로 만들어진 것도 아닌, 말 그대로 '초코파이'가 소비자들에게 변함없이 사랑받는 이유가 무엇인가? 그것을 가능하게 만든 것은 다름 아닌 브랜드의 힘이다.

브랜드는 제품에 생명력을 불어넣는다

'초코파이 전쟁'을 기억하는가? 초코파이라는 브랜드 사용권으로 법정분쟁까지 일었던 사건이 있었다. 오리온이 초코파이라는 브랜드로 많은 사랑을 받자, 뒤이어 크라운제과, 해태제과 등에서도 초코파이를 내놓았다. 이에 대해 동양제과는 '초코파이'가 동양제과의 고유상표임을 인정해 줄 것을 법원에 요청했지만, 4년여의 분쟁 끝에 실패로 끝나고 말았다. 동양제과만의 상표임을 인정하기엔 '초콜릿으로 만든 파이'라는 뜻의 초코파이란 말이 사람들에게 이미 깊게 인지되었기 때문이다. 그렇게 긴 시간과 노력을 들여서까지 초코파이라는 브랜드 네임을 지키려고 했던 것은 제품이 브랜드가 되면서 소비자들의 인식이 달라졌기 때문이다. 소비자들의 마음은 변덕스럽기 그지없다. 하지만 '아, 저건 좋은 것이다'라는 인식이 한번 박힌 브랜드에 대해서는 한없이 너그럽기만 한 것도 소비자다. 이미 초코파이는 '친근하고, 쉽게 먹을 수 있고, 나와 잘 맞는 간식거리'라는 하나의 이미지를 가진 브랜드로 자리 잡았다. 소비자들이 초코파이를 앞으로 100년 동안 사랑하고 싶은 식품 브랜드로 뽑을 수 있었던 것도 소비자들의 무의식, 의식 속에 자리 잡은 이러한 이미지 때문이다. 하나의 제품이 브랜드가 되어서 소비자들에게 다가가는 순간, 그 제품은 소비자들의 마음을 움직이는 큰 힘을 가질 수 있다. 그 뒤에는 수많은 브랜드 마케팅 전략들이 숨어 있다. '정(情)'이라는 단어를 연상시켜 브랜드를 친근하게 만드는 광고, 포장박스에 실렸던 미아찾기 운동의 이미지, 처음 50원으로 출고되어서 30년이 지난 지금도 300원이 넘지 않는 싼 가격. 이런 마케팅 전략들이 '친근하고 누구나 쉽게 다가가고 먹을 수 있는 한국적 서민 식품＝초코파이'라는 브랜드 파워를 만든 것이다. 제품이 브랜드가 되는 순간 그 제품은 생명력을 가질 수 있다.

생각해 봅시다

품질만 좋으면 시장에서 승리한다?

일반적으로 소비자들이 제품을 구매할 때, '보다 품질이 우수한 제품'을 선택하리라고 생각하는 경우가 많다. 제품력이 브랜드의 성공을 좌우한다고 믿는 것이다. 과연 그럴까. 대답은 '아니오'이다. 소비자들은 제품력보다 자신들이 인식하고 있는 '이미지'에 따라 구매결정을 내리는 경향이 있다.

현대자동차의 브랜드 중 하나인 테라칸의 경우도 이런 예를 보여준다. 렉스턴은 경쟁사인 쌍용자동차의 테라칸에 비해서 엔진 출력에서 18마력이 낮다는 제품력의 차이를 지녔다. 하지만 렉스턴은 '대한민국 1%'라는 광고를 통해서 고급화·차별화 이미지 전략을 시도했고, 이 전략은 '렉스턴은 고급스럽다'라는 이미지를 구축했다. 결국 소비자들은 테라칸이 엔진 마력에서 더 우수하고, 가격도 낮음에도 불구하고 렉스턴을 선택했다.

"'Better and Best' 보다 'Different and First'가 낫다"라는 말이 있다. 어느 브랜드나 '우리 브랜드가 최고다', '우리 브랜드가 제일 좋다'라고 말한다. 하지만 소비자들은 '최고다'라고 말하는 브랜드보다는 '우리는 다른 브랜드와 이게 달라', '우린 최초로 이런 것도 했어'라고 구체적으로 말하는 브랜드를 기억한다. 타 브랜드와 어떻게 다른지를 알려주는 것이 소비자들의 인식의 문으로 안내하는 지름길인 것이다.

차별화와 더불어 '원조'라는 이미지 역시 성공을 가져온다. 만도 '딤채'의 경우, 중소기업의 브랜드임에도 불구하고 김치냉장고 시장에 진입해서 '김치냉장고 전문업체'라는 이미지를 굳힌 덕분에 대기업과의 경쟁에서도 독보적인 선두를 유지할 수 있었다.

제품력이 브랜드의 가치를 결정하는 기준이 된다는 사실은 부인할 수 없다. 그러나 제품력을 더욱 돋보이게 포장해 주는 것은 브랜드의 이미지이다. 소비자들에게 어떻게 인식되느냐가 제품력보다 중요한 것이다. 사실 어느 브랜드의 제품력이 더 좋은지를 가장 잘 알고 있는 곳은 테스트 부서가 아닐까.

브랜드는 기분 좋게 돈을 쓰도록 한다

제품이 부족하던 시대가 끝나면서 아이러니하게도 브랜드와 관련된 일을 하는 사람들의 휴가도 끝나기 시작했다. 산업혁명 초기에는 제품이 부족해서 생산자의 권위가 높았다지만, 지금은 반대로 생산자들이 '저희 제품이 최고입니다'라며, 소비자들의 환심을 사야 하는 처지가 됐으니 말이다. 따라서 기업들은 앞 다투어 우수한 인재들을 모아 신제품을 만들고, 소비자들에게 물건을 팔기 위해서 조직과 자금력을 동원하고 있다. 하지만 소비자라는 집단은 애석하게도 기업이 계획하고 예측한 대로 움직이는 집단이 아니다. 소비자는 감성적이고, 자기중심적이며 변덕스러운 존재다. 제품을 선택하고 지갑을 여는 것은 절대적으로 소비자의 권한이며, 현대는 소비자 상위시대이기 때문이다.

"백화점 직원이 실수로 가격표에 0을 하나 더 붙였는데, 그 옷 매출이 훨씬 늘었다지 뭐야. 쯧쯧……."

비쌀수록 더 잘 팔리는 것, 사람들이 하나쯤 갖고 싶도록 하는 것이 소위 명품이라고 불리는 브랜드일 것이다. 어느 백화점에서 직원이 제품의 디스플레이 과정에서, 가격을 잘못 적는 실수를 했다. 이를테면 10만 원짜리가 100만 원짜리가 된 것이다. 그런데 아이러니하게도 그날 그 제품의 매출은 더 높았다. 이에 대해 '비싼 것=좋은 것'이라는 잘못된 소비심리를 비판할 수도 있다. 하지만 이런 생각을 해보자. 실제로 그 옷의 품질이나 디자인이 특별히 다르지는 않았을 것이다. 그러나 사람들이 그 옷을 사면서 10만 원의 열 배가되는 돈을 지불했던 까닭은 무엇이었을까.

엉뚱한 해프닝이 가능했던 그 중심에는 잘못된 소비심리뿐 아니라, 브랜드라는 것 역시 한몫했다는 점을 간과할 수 없다. 물론 브랜드가 잘못된 소비심리를 조장한다는 말은 아니다. 하지만 사람들이 열 배가 넘는 돈을 지불하면서도 의심하지 않았던 것은 평소 그 브랜드에 대한 신뢰감이 있었기 때문에 가능한 것이다. 만약 리어카에서 파는 면 티셔츠 한 장이 10만 원이라면 당신은 사겠는가? 하지만 소비자들은 백화점에서 파는 10만 원짜리 면 티셔츠는 산다. 이 차이가 바로 브랜드의 힘이다. "어? 이 옷은 유독 비싸네? 왜지? 아,

뭔가 다른 특별할 것이 있으니까 비싸겠지"라고 소비자들을 생각하게 만드는 그 무엇이 바로 브랜드의 힘이다. 바로 그 힘이 소비자의 지갑을 여는 것이다.

브랜드는 입맛까지 바꾼다

"브랜드는 기업의 얼굴로, 소비자의 머리에 침투하여 소비자를 조종한다. 제품이나 조직이 소비자를 지배하는 것이 아니라 침투된 브랜드가 소비자를 지배한다."

위의 말만 보면, 브랜드라는 것은 마치 요술방망이나 최면술처럼 소비자의 머릿속에서 "그래, 저 제품이 좋은 거야. 저걸 골라"라고 조종하는 힘을 가진 것처럼 보인다. 사업하는 사람들이라면 이런 능력을 한번쯤 갖고 싶다는 생각을 할 것이다. 브랜드는 요술방망이이고 최면술이다. 믿지 못하겠다면 다음의 실험을 함께 해보자.

⊙ 실험 방법

1. 유명한 상표의 제품 서너 종류와 이름 없는 상표의 제품 한두 종류를 내놓는다.
2. 제품의 겉만 보고 제품을 평가하도록 한다.
3. 제품의 맛을 보게 한 후, 맛에 대한 평가를 내리도록 한다.

실제로 소비자들을 대상으로 한 이런 실험이 있었다. 이 실험에서 사용되었던 제품은 커피였는데, 소비자들이 구매 후에 제품을 어떻게 평가하는가에 관한 실험이었다. 실제로 커피를 끓여서 실험자들에게 맛과 평가를 내리게 하자 재미있는 결과가 나왔다.

유명한 상표를 선택한 사람들은 설령 그 제품이 자신의 입맛에 맞지 않더라도 제품에 대한 평가를 좋게 내린 반면, 이름 없는 상표를 선택한 사람들은 맛에 대해서 지나칠 만큼 냉정한 평가를 내리는 것이었다.

입맛에 맞지 않더라도, '그래도 브랜드인데 내가 오늘 입맛이 좀 쓴가?' 하는 평가를 내리도록 하는 것, 그 중심에 브랜드가 있다. 브랜드는 소비자의 입맛까지 좌우하고 조절하는 힘을 가진 것이다. 자신이 선택한 제품에 대해서는 오빠부대 이상의 열정과 애정을 보이는 것이 소비자이다. 심지어 특정 제품의 경우, 제품의 질까지도 자신의 머릿속에 이미 형성된 브랜드 이미지로 인식해 버리는 경우도 있다. 좋은 브랜드를 가진 기업이 시장에서 파워를 갖는 것도 바로 소비자들의 이런 의식 때문이다.

맥카시(Jerome E. McCathy)는 "제품은 하나의 기업이 제공하는 욕구를 만족시키는 제공물을 의미한다"고 말했다. 만족시키는 제공물, 결국 브랜드가 힘을 갖기 위해서 중요한 것이 바로 '소비자의 만족'이다. '브랜드화를 하라', '브랜드 마케팅이 중요하다'고 하는 것들 역시, 모두 다 '만족'의 열매를 제품 속에 집어넣어 소비자의 마음과 입맛까지도 조절할 수 있는 성공 브랜드를 만들기 위해서다. 이 정도면 브랜드를 요술방망이, 최면술이라고 부를 수 있지 않을까.

윗물이 맑은 브랜드는 아랫물이 맑은 브랜드를 낳는다

"윗물이 맑아야 아랫물이 맑다"는 우리 속담이 있다. 브랜드 시장에서도 이 말은 그대로 적용된다. 지금 이 순간에도 수많은 제품들이 새로운 브랜드로 만들어져 세상 밖으로 나오고 있다. 이들 브랜드 중에는 독특한 아이디어를 가지고 새로 태어난 브랜드들이 대부분이다. 하지만 기존의 히트 브랜드를 모방한 브랜드도 적지 않다.

한 브랜드가 성공하면 그 브랜드에 대한 소비자가 가진 좋은 이미지를 이용해서 또 다른 브랜드를 만들어 시장에 내놓는 것이다. 또한 모(母)브랜드의 후광을 얻은 자(子)브랜드들은 다른 브랜드에 비해서 쉽게 성공을 거두기도 한다.

만약 당신이 어떤 회사에서 자동차를 샀다고 하자. 그런데 이 자동차가 어찌나 열이 잘 받는지 조금만 오래 운전했다 싶으면 시동이 꺼지는 것이다. 결국 차를 구입한 지 2년도 채 못 되어서 처분했다고 하자. 다시 차를 구입할 때, 당신은 성능, 색깔, 서비스 등 더 많은 것들을 고려할 것이다. 그러나 한 가지 확실한 것은 이전에 당신을 고생시켰던 그 자동차의 브랜드는 제외해 버릴 거라는 점이다.

'같은 회사 제품인데 그게 그거 아니겠어?' 당신의 마음속에 이런 생각들이 저절로 자리 잡을 것이다.

이렇게 이전 브랜드에 대한 좋지 않은 감정이 그 회사의 다른 브랜드에도 영향을 미치는 것이 브랜드이다. 반대로 모 브랜드를 잘 관리하면 신제품의 성공 가능성이 더 커지는 것도 브랜드이다. 품질이 좋은 제품, 기술개발과 연구투자로 새롭게 선보인 제품이 성공하는 길은 제품의 조건에 달렸다고 생각하기 쉽다. 하지만 지나치게 획기적이거나 시대를 앞서가는 제품은 오히려 실패할 확률이 높다. 소비자들에게 믿음을 주지 못하는 제품은 아무리 그 제품이 좋은 것이라고 할지라도 외면당하기 쉽다. 신제품일수록 그런 위험이 커지는 것은 당연한 일이다. 하지만 이미 성공한 브랜드가 있는 회사에서 내놓은 신제품이라면 "거기서 나온 거네, 한번 볼까"라는 기대 심리와 신뢰가 기본적으로 형성된다. 그리고 제품이 소비자의 마음에 든다면 그 제품은 소비자들의 마음속에 각인되기 시작한다. 브랜드는 소비자의 심리를 먹고사는 마이더스의 손과 같다. 소비자들에게 최면을 걸어서 기쁜 마음으로 지갑을 열게 만드는 마이더스의 손, 바로 브랜드이다.

part 2

브랜드 마케팅, 이렇게 한다

3

끊임없이 브랜드를 진단하라

상황부터 파악하라

"우물에 가 숭늉 찾는다"는 속담이 있다. 브랜드 작업을 의뢰받아 일을 하다 보면 과정을 모두 무시한 채, 결과만을 기대하고 독촉하는 경우가 많다. 하지만 과정 없는 결과란 없다. 사실 브랜드가 가진 자산성은 정해진 것이 아니다. 10원을 투자해서 10원을 잃을 수도 있지만, 10원을 투자해서 100만 배 이상의 결과를 얻을 수 있는 가능성도 있다. 대박과 쪽박의 경계선을 나누는 데 있어서 중요한 것은 '얼마나 철저하게 준비했는가', '후반 작업을 게을리 하지 않았는가'이다. 따라서 브랜드 작업을 하기 위해서 가장 먼저 해야 할 것은 브랜드 작업의 전체적인 그림을 머릿속에 그리는 일이다.

남다른 매력을 찾아라

"매력을 만들어라." 이는 브랜드 작업의 가장 중요한 개념이다. 아무리 품질 좋은 제품을 만들어도 소비자들에게 외면당한다면 그 브랜드는 실패한 것이다. 반면, 처음에 인기가 없더라도 꾸준한 마케팅 작업으로 소비자의 마음을 사로잡는 경우도 있다. 이 모든 중심에 서 있는 것이 바로 '매력'이다. 사람들과의 관계에서도 유난히 매력 있는 사람은 남들과 다른 그 무엇을 갖고 있지 않던가. 남들과 다른 그만의 매력을 찾아내는 것이 바로 브랜드 작업의 핵심이다.

브랜드를 잘 이해하고 활용하기 위해서는 여러 학문에 대한 전반적인 인식이 필요하다. '잡학다식하고 감각 있는 사람'이 필요한 것이다. 어떻게 팔 것인가에 대해서는 경영학적인 마인드로, 어떤 이름을 짓고 간판을 만들 것인가에 대해서는 언어학적인 마인드로, 소비자들의 구미를 어떻게 자극할 것인가에 대해서는 심리학적인 마인드로, 그리고 마지막으로 이 모든 것을 어떻게 잘 지켜서 내 것으로 만들 것인가에 대해서는 법적인 마인드로 접근해야 하기 때문이다.

하나의 브랜드가 만들어지는 과정은 대략 이렇다.

1. 시장의 요구를 파악하고 브랜드의 도입 기회를 노린다.
2. 제품 기획에 따라 브랜드 차별화를 시도하여 시장으로 제품을 내보낸다.

3. 브랜드 인지와 포지셔닝 전략으로 브랜드 이미지를 강화시킨다.

4. 브랜드 로열티 구축에 필요한 마케팅 작업을 통해 브랜드 입지를 강화시킨다.

5. 앞의 모든 작업을 뒷받침할 수 있는 법적 보호 장치를 마련한다.

이 모든 과정에서 경영학, 심리학, 언어학, 법 지식에 관한 감각과 지식이 활용되는 것이다. '나무보다는 숲'을 '자극적인 부분보다는 안정적인 전체'를 인식할 때, 각각의 과정들이 조화를 이루면서 브랜드에 생명력을 불어넣을 수 있다.

브랜드도 진단이 필요하다

공부 못하는 아이를 가진 부모들의 공통점에 대한 우스갯소리가 있다. 공부를 못하는 아이를 둔 부모들이 선생님과 면담할 때마다 꼭 하는 말이다.

"선생님, 우리 아이는 머리는 좋은데, 공부를 안 해요."

그리고 아이가 잘못을 저질렀을 때는 이렇게 말한다.

"우리 애가 원래 착한 애인데 친구를 잘못 사귀어서 그래요."

이 두 가지 우스갯소리의 공통점이 있다. 바로 냉정한 판단력이 결여되어 있다는 것이다. 브랜드 작업에서도 마찬가지다. 브랜드 작업을 하는 사람들에게 자신이 참여한 브랜드는 자식과도 같은 존재가 된다. 그런 브랜드에 대해서 냉정한 판단을 내리기는 쉽지 않다. 비단 많은 인력과 시간과 돈이 투입되는 기업에서의 작업뿐만 아니라, 중소기업이나 작은 가게에서도 마찬가지다. 브랜드 자체만을 보는 것이 아니라 브랜드를 개발하고 시장에 내놓고 팔기 위해서 노력하던 무수한 시간과 노력을 함께 보기 때문에 작은 결함 정도는 '에이, 그 정도쯤이야' 하는 너그러움이 작동되어 버리는 것이다.

브랜드를 진단할 때는 두 가지 방법으로 나누어 생각할 수 있다. 기존 브랜드를 진단하는 것과 새로운 브랜드를 시장에 내놓기 위해 진단하는 것이다. 기존 브랜드의 진단은, 이미 시장에 나와 있는 브랜드의 부족한 점을 파악하고, 브랜드를 유지시킬 것인지 확장시킬 것인지 아니면 시장에서 철수시킬 것인지를 결정한다. 새로운 브랜드에 대한 진단은 브랜드에 대한 뼈대를 만들고 살을 붙이는 작업을 위한 기초 작업에 해당한다. 결국 하나의 브랜드를 시작부터 시장에서 사라질 때까지 끊임없이 함께하는 것이 바로 브랜드를 진단하는 작업이다.

생각해 봅시다

소비자는 진실만을 말한다?

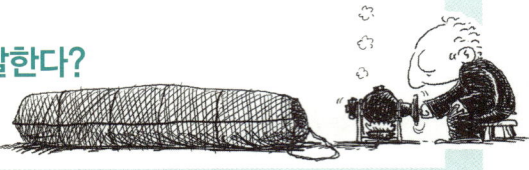

"소비자는 거짓말 도사다?"

시장조사를 하다 보면 가끔 어이없는 상황에 접한다. 너무나 정직한 듯 거짓말을 하는 소비자들을 의외로 쉽게 만나기 때문이다. 코카콜라와 펩시에 대한 블라인드 테스트를 실시한 결과, 소비자들은 근소한 차이로 펩시를 더 선호한다는 결과를 얻을 수 있었다. 그런데 블라인드 테스트를 실시하지 않고 조사한 결과는 흥미로웠다. 눈을 가리지 않은 소비자들은 코카콜라를 선택한 것이다.

화장품에 대해서 조사할 때의 일이다. 소비자들에게 "화장품을 구매할 때 가장 중요하게 고려하는 사항은 무엇인가?" 물었다. 그 결과 대다수의 소비자들은 기능과 가격을 중요하게 고려한다고 꼽았다. 하지만 정작 시장조사를 해 보니, 소비자들의 화장품 구매 시에 가장 큰 영향을 미치는 것은 기능과 가격이 아닌 '판매원의 권유'였던 것이다. 물론 설문지에도 판매원의 권유라는 항목이 있었다. 하지만 판매원의 권유에 따라서 물건을 구매한다고 표시한다는 것이 창피했던 것일까. 소비자들은 가격과 기능이라는 체면을 선택한 것이다. 이런 사례는 주위에서 흔히 찾아볼 수 있다.

소비자의 의견만이 진실이고 문제의 해결책이라는 맹목적인 믿음을 가져서는 안 된다. 소비자가 항상 올바른 얘기만을 하는 것은 아니기 때문이다. 때로는 의식적으로, 때로는 무의식적으로 그들은 실제와 현상을 다르게 말한다. 따라서 제대로 파악하지 못하고 잘못된 정보를 브랜드나 마케팅의 과정에 사용한다면 오히려 브랜드의 이미지를 떨어뜨리는 결과를 가져올 수도 있다. 소비자들의 귀여운 거짓말을 구별할 수 있는 단 한 가지 방법은 바로 소비자들을 꾸준히 관찰하고 주의를 기울이는 것뿐이다. 소비자들을 사랑하자.

브랜드 진단의 중심은 소비자다

브랜드는 소비자의 사랑을 먹으며 자라는 나무와도 같다. 시장에 이미 진출해 있는 기존 브랜드의 경우, 브랜드 진단에서 가장 중요한 것은 소비자가 이 브랜드를 어떻게 느끼는지를 아는 것이다. 기존 브랜드를 진단하는 데 먼저 선행되어야 할 점은 브랜드에 대한 이해다. 브랜드의 이해란 '브랜드 제품군 분석, 브랜드의 대상 소비자 분석, 경쟁사 브랜드 분석'의 3단계 분석 절차를 말한다. 3단계 분석은 기존 브랜드의 문제점을 찾아내고, 대안을 강구해서 문제점을 해결해 가는 과정으로 이루어진다. 이런 과정에서 브랜드의 이름이나 브랜드의 중심 이미지를 바꾸기도 하고, 브랜드를 철수시키거나 신규 브랜드를 도입하는 결정이 내려지기도 한다.

최근 동남아시아를 중심으로 한국 영화, 드라마, 배우들의 인기가 무척이나 높다. 이런 분위기를 타면서 한국 제품들의 인기도 더

불어 높아지고 있다. 이 열풍 이전에 이미 중국을 중심으로 인기를 얻고 있던 브랜드가 바로 'ONG'이다.

처음 이 브랜드가 한국 시장에 등장한 것은 1997년이다. 당시 '옹골진'이라는 이름으로 나온 이 브랜드는 고가 청바지가 주류를 이루던 시장 분위기 속에서 새로운 컨셉트를 시도했다. 바로 중저가 패션진이라는 이미지였다. 1997년 외환위기가 오면서 사람들의 주머니 사정이 어려워졌고, 옹골진의 이런 전략은 성공을 거두었다. 그리고 당시 젊은 층에게 인기 있었던 찢어진 청바지와 물 빠진 청바지 등 감각적이고 튀는 패션을 과감하게 도입하면서 주머니가 얇은 젊은 층에게 인기를 얻었다.

하지만 옹골진은 독특한 브랜드 네임인 옹골진을 버리고, ONG라는 새로운 이름을 선택했다. 브랜드 네임을 바꾼다는 것은 기존의 브랜드를 인식하던 소비자층을 잃을 수도 있는 결정이기에 쉽게 이루어지지는 않는다. 하지만 옹골진이 한창 인기를 얻고 이제는 안정기로 접어들려는 시기에 이런 선택을 한 이유는 무엇이었을까. 그것은 더 큰 시장으로의 진출을 위한 선택이었다. 옹골진은 중간 브랜드 진단에서 소비자층을 한국뿐만 아니라 중국시장까지 넓혀 판단했다. 그 속에서 옹골진이라는 이름이 외국 소비자들에게는 어렵고 낯선 단어라는 것을 인식하고, 세계 어디에서나 쉽게 인식되는 영어 이니셜로 브랜드 네임을 변경했다. 소비자층을 달리 해석한 순간 브랜드에 대한 이해도 달라진 것이다. 그리고 지금, ONG는 이미 상하이를 중심으로 60여 개의 매장을 오픈했으며, 2004년 8월까지 중국 내에 180여 개의 매장을 열 계획이다. 재밌는 사실은 지금 중국의 ONG 매장에서 1997년 당시 한국 매장의 모습이 재현된다는 것이다. 지금에야 찢어진 청바지가 일반적인 청바지에 속하지만 1997년 당시만 해도 튀는 아이템에 속했고, 이것이 젊은 층에 어필하는 계기가 되었다. 최근 문을 연 상하이 제일백화점의 ONG 매장에서도 튀는 청바지에 도전하려는 중국 여성들의 발걸음이 꾸준히 이어지고 있다.

새로운 브랜드는 부지런해야 얻어진다

"계획했던 제품과 실제 제품이 일치하는가."
"소비자가 쉽게 제품을 이해하고 받아들일 것인가."
"기대한 매출을 얻을 수 있을 것인가."
새로운 브랜드를 시장에 진출시키기 위한 브랜드 진단은 기존 브랜드를 진단하는 것보다 더 많은 질문과 고민이 필요하다. 이 단계에서는 구체적인 제품 디자인을 기초로, 초기 광고와 가격, 그리고 판촉 및 유통을 결정하고 시장 실험(테스트마케팅)을 실시한다.
새로운 브랜드의 브랜드 진단은 크게 브랜드 출시 전과 브랜드 출시 후의 두 가지 단계로 나뉜다.

브랜드 출시 전-제품 기획 및 테스트

① 제품 기획에 따라 제품 개념을 경쟁사와 비교한 후, 그 결과에 따라 브랜드 전략을 세운다.

② 브랜드 전략이 확정되면 이에 따라 브랜드 네이밍을 개시한다.

③ 최종안이 선정되면 소비자의 브랜드 적합도를 조사한다.

④ 최종적으로 브랜드가 확정되면 상표등록을 위해 출원한다.

이 단계에서는 주로 다른 브랜드와 경쟁에서 이길 것인지를 조사하고, 이름을 정하고, 소비자들이 그 이름을 잘 받아들이고 좋아할 것인지를 조사한 후, 이것을 상표등록하는 순서로 진행된다. 주로 경쟁사와 비교하고 이름에 대한 인지도를 조사하는 것에서 진단이 이루어진다.

브랜드 출시 후-신제품 시장 도입에 따른 상황 점검

① 소비자가 기존의 다른 브랜드와 새로운 브랜드를 구별하는지, 쉽게 기억하는지를 조사한다.

② 새로운 브랜드에 대해 고객이 갖는 신뢰, 호의, 믿음 등 추상적인 이미지가 있는지 브랜드를 사용하기 전에 조사한다.

③ 소비자가 브랜드에 대한 사용 여부에 상관없이 어떤 태도를 갖는지 조사한다.

④ 광고를 통해 의도했던 연상 작용이 어느 정도 효과를 거두는지

조사한다.

이미 시장에 진입한 후에는 짧은 시간이지만 소비자들의 새로운 브랜드에 대한 인식과 그 브랜드를 사용해 보지 않은 소비자들의 인식을 중심으로 진단한다. 이것은 초기 브랜드가 지닌 단점이나 마케팅의 실수를 보완해서 브랜드가 시장에 제대로 자리 잡을 수 있도록 도와준다.

최근 '미샤'라는 초저가 화장품 브랜드가 인기를 끌고 있다. 사람들의 주머니 사정이 어려워지면서 가장 먼저 지출 목록에서 제외당하는 것이 옷과 화장품이다. 그럼에도 불구하고 2001년에 등장한

새로운 브랜드 진단의 기본 내용

브랜드 출시 전 〈제품 기획 및 테스트〉	브랜드 출시 후 〈신제품 시장 도입에 따른 상황 점검〉
제품 개념 및 경쟁 제품 분석 등을 바탕으로 브랜드 전략 수립	소비자가 기존의 다른 브랜드와 새로운 브랜드를 구별하는가? 쉽게 기억하는가?
브랜드 이미지 전략 수립	새로운 브랜드가 신뢰, 호의, 믿음 등의 추상적 이미지를 갖고 있는가?
네이밍 후보안의 소비자 조사 실시	사용 여부에 관계없이 소비자는 새로운 브랜드에 대해 어떤 태도를 갖고 있는가?
최종 네이밍안 확정	광고를 통해 의도한 연상 작용이 어느 정도 효과를 거두었는가?
상표출원	

이 브랜드는 창업 2년 만에 40억 원에서 150억 원으로 매출을 올렸고, 올해는 1,000억 원의 매출액을 예상하고 있다. 만약 예상이 맞는다면 창업 3년 만에 매출액을 무려 25배나 끌어올리는 성공신화를 이루는 것이다. 미샤가 이런 성공을 거둘 수 있었던 이유는 불황이라는 위기를 역이용했기 때문이다. '화장품은 비싼 게 좋은 것'이라는 일반적인 인식을 극복할 수 있었던 이유는 바로 소비자가 가진 추상적인 이미지 구축과 소비자의 태도 형성, 그리고 광고를 통한 신뢰 구축에 성공했기 때문이다. 물론 소비자 평가와 자사 브랜드에 대한 냉정한 진단을 통해 가능했던 일이다.

미샤의 경우, 저가의 화장품임에도 불구하고 고급스럽고 깔끔한 판매 체인점과 인테리어를 통해 '싼 게 비지떡'이라는 저가 화장품에 대한 소비자들의 이미지 연상을 차단시키고 있다. 또한 소비자들에게 보아라는 아시아 스타를 메인 모델로 광고함으로써 브랜드 신뢰도를 심어주는 효과를 거뒀다. '싼 화장품은 질이 나쁘다'는 소비자들의 부정적인 인식을 극복하고, 불황시대에 대박 브랜드로 거듭나고 있다. 이 모든 것들이 소비자를 잘 파악하고 끊임없이 준비했기에 가능한 것이다.

브랜드 확장은 긍정적이다?

하나를 가지면 두 개를 갖고 싶고, 두 개를 가지면 세 개를 갖고 싶은 게 사람의 심리다. 브랜드도 마찬가지다. 일단 성공했다고 판단되는 많은 브랜드들이 다른 제품분야로의 확장을 시도한다. 특히 상호 보완적인 제품들의 브랜드 확장의 경우, 확장으로 인한 시너지 효과로 더 쉽게 성공궤도에 올라가기도 한다. 그러나 브랜드 확장이 성공만을 가져오는 것은 아니다. 브랜드 확장의 실패에 대해 매트 헤이그(Matt Haig)는 "자기 브랜드의 진정한 본질을 이해하는데 실패한다면 브랜드 확장은 결국 재앙을 불러일으킨다"고 말한다. 남성적 이미지의 오토바이 브랜드인 할리 데이비슨에서 아주 아름답고 여성스러운 향의 향수 브랜드를 출시했다가 뼈아픈 실패를 겪었던 것도 브랜드의 본질을 잊은 확장의 결과였다.

반면 아르마니는 화장품, 안경, 시계, 향수, 액세서리에 이르기까지 전반적인 패션 분야에 걸쳐 이미 '고급스러움'을 표방하면서 패션리더로서의 브랜드 입지를 굳혀왔다. 통일되고 일관성 있는 확장전략은 다양한 제품군 속에서도 명품 브랜드의 이미지를 더욱 공고하게 만들었다. 최근에는 초콜릿, 잼 등의 먹거리에 이어 아르마니 피오레라는 이름으로 꽃 판매까지 그 분야를 넓혀가고 있다. 패션 브랜드라는 브랜드 본질과 잘 어울리지 않을 것처럼 보이는 분야임에도 불구하고 뉴욕, 파리, 런던 등 대도시에서부터 성공을 거둘 수 있었던 것은, '고급스럽고 남들보다 앞서가는 명품'이라는 아르마니 브랜드 자체가 지닌 브랜드 이미지 때문이다.

브랜드는 이미지를 먹고 자라나는 아이와도 같다. 한 아이를 어떤 성인으로 성장시키는가 하는 가장 큰 영향은 가정환경일 것이다. 아버지의 직업이 선생님인 가정의 아이와 아버지의 직업이 운동선수인 아이가 자라나는 환경은 분명 다른 것처럼 말이다. 브랜드를 자라게 하는 브랜드 확장에 있어서도 그 브랜드의 기존 본질을 파악, 시너지 효과를 낼 수 있는 방향으로의 확장을 선택해야 한다.

돌다리도 두들겨 보고 건너라

브랜드 확장은 신중해야 한다

"뛰는 놈 위에 나는 놈 있다"는 말이 있다. 브랜드 작업 시 필요한 것은 '나는 놈'보다 위에 있어야 한다는 것이다. 브랜드 도입 시기를 결정할 때, 대부분의 후발 주자들은 이미 형성된 시장과 싸워야 한다. 이미 주도권을 잡고 있는 브랜드가 있다면 그 싸움은 더 힘들게 마련이다. 주도권을 잡고 있는 브랜드의 견제 또한 만만치 않기 때문이다.

브랜드 확장에 따른 성공과 실패 사례는 주위에서 쉽게 찾아볼 수 있다. 삼성전자의 경우, 비즈니스를 반도체에 집중하는 사이에 만도 위니아에게 김치냉장고 시장을 내주고 말았다. 김치냉장고 전문 브랜드라는 이름으로 시장을 선점한 만도는 삼성이 미처 생각지 못했던 틈새시장을 공략했고, 결과는 대성공이었다. 후발주자로 만도의 아성에 도전하기 위해서 삼성은 '다맛'이라는 새로운 브랜드로 브랜드 확장을 시도했다. 하지만 5년 동안 이미지를 굳혀온 만도의 벽은 너무나 높았고, 삼성의 가격 할인 노력에도 불구하고 다맛은 에어컨을 구입하면 서비스로 끼워주는 김치냉장고 브랜드라는 쓰디쓴 결과를 맛봐야 했다.

확장이 실패만을 가져오는 것은 아니다. 시장을 처음 선점한 브랜드일 경우 브랜드 확장은 보증된 성공을 가져오기도 한다. '물먹는 하마'의 경우, 1986년 처음 제습제 시장에 물먹는 하마라는 브랜드를 런칭한다. 당시 국내에 제습제 시장은 형성조차 되지 않은 상황이었다. 하지만 10여 년 만에 제습제 분야는 생필품의 한 부분으로 자리 잡았고, 물먹는 하마는 '원조'라는 신뢰성을 바탕으로 업계 부동의 1위를 지킬 수 있었다. 옥시는 물먹는 하마의 성공에 힘입어 탈취제 시장까지 '냄새 먹는 하마'라는 브랜드로, 곰팡이 제거제인 '곰팡이 먹는 하마', 손난로 브랜드인 '열내는 하마' 등과 같은 다양한 제품으로 브랜드 확장을 시도하여 성공을 거두었다.

확장은 배팅이 점점 더 커지는 도박과도 같다. 패를 잘 읽지 못하면 기존 성공 브랜드까지 흠집을 내기도 하기 때문에 패를 잘 읽을 수 있는 신중함이 무엇보다도 요구된다.

브랜드 도입은 때를 기다리자

신중함 못지않게 브랜드에 있어서 중요한 것은 때를 잘 아는 것이다. 조선시대에 미니스커트를 입고 거리를 활보한다면 어떨까. 아마 아녀자가 불경스럽게 옷을 벗고 거리를 다닌다고 몰매를 맞았을지도 모른다. 조선시대에 미니스커트를 생각해 낸 사람이 있었다면 그 사람의 패션 감각은 시대를 앞서갔다고 할 수 있다. 하지만 그 앞선 시대 감각 뒤에 돌아오는 것은 '미쳤다'라는 소리 아니면 몰매였을 것이다.

이런 과장이 아니더라도 지나치게 앞선 브랜드 감각으로 인해 실패하는 경우를 종종 볼 수 있다. 물론 초기에 뼈아픈 실패를 겪은 브랜드가 몇 년이 지난 후에 인기 브랜드로 다시 살아나는 경우도 있다. 그러나 이렇게 초기에 실패하는 경우, 브랜드 도입 시기를 제대로 파악하지 못해서 오는 결과이다.

- 시장에 내놓은 지 11개월 만에 2억4000만 캔(1000억 원어치)이 팔린 제품

• 국민 1명 당 4캔 정도를 마신 제품

　　결과만 보더라도 대박 브랜드라는 평가를 저절로 내릴 수 있는 제품이다. 주스에서 아이스크림까지 갑자기 시장에 등장해서 인기를 얻고 있는 제품은 바로 망고다. 처음 이 브랜드를 런칭한 롯데칠성에게는 그야말로 새로운 효자 브랜드가 아닐 수 없다. 망고라는 과일이 국내 소비자들에게 친숙한 과일은 아니라는 점이, 망고 주스가 짧은 시간에 인기를 얻을 수 있었던 원인이 되기도 했다. '어떻게 망고를 가지고 주스를 만들 생각을 했을까' 하는 신선함이 소비자들의 마음을 유혹했던 것이다. 하지만 10년 전만 해도 상황은 달랐다. 사실 롯데칠성의 경우, 1994년에 이미 1.5리터들이 망고 주스를 시장에 내놓은 적이 있었다. 하지만 결과는 실패였고, 망고 주스는 조용히 시장에서 철수되었다. 망고라는 과일이 국내 소비자들에게 낯선 과일이었기 때문인지, 망고 주스는 소비자들에게 외면당하고 말았던 것이다. 하지만 동남아시아와 같은 열대지방으로의 해외여행이 일반화되기 시작하면서 망고에 대한 소비자들의 인식이 높아지기 시작했다. 실제로 1997년부터는 수입된 망고 주스가 당시 인기를 끌고 있던 '갈아만든 배' 라는 브랜드와 비슷한 수로 소비되고 있다는 조사 결과가 나오기도 했다. 망고에 대한 소비자들의 인식이 변하면서 망고 주스에 대한 시장 가능성이 저절로 함께 상승했다. 10년의 시간이 실패 브랜드를 대박 브랜드로 바꿔놓은 것이다.

하지만 아무리 후일에 대박을 터트릴 수 있는 브랜드라 할지라도 지나치게 시대를 앞서가는 브랜드라면 중소기업과 영세업자들에게는 그림의 떡일 수밖에 없다. 막연한 가능성만을 믿고 도전하기에는 기업의 운명을 담보로 하는 도박이 될 수도 있기 때문이다.

따라서 시대의 분위기나 요구를 잘 파악하고 진입 시기를 결정해야 한다. 아무리 좋은 브랜드 아이템이라고 해도 시대를 너무 앞서 간다면 잠시 보류하는 것이 현명한 판단이다.

시기는 단 한순간에 알 수 있는 것은 아니다. 끊임없이 시장의 모습에 귀와 눈을 열고 있어야 한다. 전문적인 소비자 조사가 아니더라도 신문과 뉴스를 통해서 세상읽기 능력을 키우는 것이 선행되어야 한다. 너무나 교과서적인 이야기일지 모른다. 하지만 대기업의 회장들은 실제로 매일 아침마다 국내에서 발행되는 모든 경제신문과 일간지를 스크랩해서 본다. 정보는 우리 주변에 무한히 널려 있다. 수많은 정보를 잘 골라내서 성공하는 것, 부지런한 자만이 가질 수 있는 특권이다.

전략은 브랜드를 장수시킨다

"삼국지를 세 번 이상 읽지 않은 사람과는 인생을 논하지 말라."
어린 시절에 부모님께서 늘 하시던 말씀이었다. "에이, 책 읽으라고 별말씀을 다 하신다"라며 웃어넘겼지만, 신기하게도 부모님이 하셨던 이 말을 모르는 사람은 없었다. '세 번은 그렇고, 두 번 정도는 읽어주지'라는 생각으로 처음 읽은 삼국지는 의외로 너무나 재미있는 책이었다.

요즘 나는 삼국지를 다시 읽기 시작했다. 스무 살이 넘고 서른 살이 넘어가면서 때로는 비참한 진실보다는 아늑한 거짓말이 삶에 희망을 주기도 하고, 때로는 무모한 정면승부보다는 비겁한 측면승부가 더 좋은 결과를 가져오기도 하는 일들을 겪다 보니, '삼국지를 한번 읽어야겠다'는 생각을 다시 한 것이다. 그런데 어린 시절 마냥 신나게 읽었던 것과는 느낌이 사뭇 다르다. 10대에 삼국지에서 영웅들을 만났다면 40대인 지금, 삼국지에선 세상사는 법이 보이기 시작했다. 브랜드와 관련된 일을 직업으로 하다 보니 늘상 사람의 마음에 신경을 곤두세우게 마련이다. 변덕스럽기만 한 소비자들의 눈치를 보고, 소비자들을 유혹하는 것이 이제는 일을 넘어서서 전쟁이라고 해도 과언이 아니다. 이럴 때는 책략가인 제갈공명이, 그것도 아니라면 제갈공명의 도움을 받는 유비가 되고 싶은 마음이 굴뚝같다.

브랜드 철수는 전략이 아니다?

"길 잃은 한 마리 양을 버려라."

물론 야박하고 뜬금없는 말처럼 들릴 수도 있다. 하지만 브랜드를 관리하는 사람에게 때때로 필요한 것은 길을 잃고 헤매는 브랜드를 과감하게 버릴 수 있는 결단력이다. 브랜드를 만들고 시장에 진입시키는 데에는 많은 노력과 돈과 시간이 투입된다. 하지만 그에 못지않게 투자되는 것이 바로 지속적으로 브랜드를 소비자들에 인식시키고 알리는, 이른바 후반 작업이다. 따라서 '그래도 고생해서 만든 브랜드인데…… 조금만 기다려보자'는 생각은 그 브랜드뿐만 아니라 기업에 금전적·시간적 타격을 주기도 한다.

머리염색을 단순히 '검정물 들이기'로 인식하던 시절이 있었다. 하지만 최근 들어 염색은 패션의 일부분이 되었다. 패션염색약 브랜드로 입지를 굳히고 있는 미장센의 경우, 1999년 시장 진입 당시만 해도 '스케치'라는 브랜드로 당시 1, 2위를 차지하던 웰라와 로레알과 경쟁했다. 스케치는 어감의 촌스러움과 '머리결이 상할 것 같은' 느낌 때문에 만년 꼴찌를 면하지 못하고 있었다. 이에 태평양은 대대적인 전략 수정을 결정했다. 바로 꼴찌 브랜드의 철수 전략이었다. 당시 회사 내부에서는 이 의견에 대해서 반신반의하는 분위기도 물론 있었다. '기왕 키워놓은 브랜드인데, 좀더 업그레이드하자'는 의견도 있었다. 하지만 과감하게 시장에서 그 브랜드를 철수시키고, 기존의 스케치 브랜드와는 전혀 다른 컨셉트를 지닌 '염색＝패션'이라는 이미지의 미장센을 시장에 진입시켰다. 그 결과 웰라와 로레알이 미처 장악하지 못한 틈새시장을 획득할 수 있었던 것이다.

브랜드의 철수는 자기 살을 잘라내는 모험과도 같은 일이다. 하지만 고인 물은 언젠가는 썩게 마련이다. 물이 고여서 썩기 시작한다면 과감히 버리고 새로운 우물을 파는 용기도 필요하다.

끊임없는 전략 수정이 필요하다

브랜드는 이제 소비자들의 마음을 움직이는 가장 앞줄에 서 있다. 과거가 자금과 조직으로 해결되는 시대였다면, 현재는 이미지와 전략의 브랜드 전쟁 시대가 된 것이다.

전쟁에 가장 큰 무기며 재산인 브랜드. 그러나 막상 브랜드를 갖고 있다고 해도 적절한 전략을 구사하지 못한다면 무용지물에 불과하다. 브랜드를 성공적으로 자리 잡게 만들 적절한 전략을 구사하는 것이 어렵게 자리 잡은 브랜드를 장수시키는 비결인 것이다.

'암기하라. 그러면 이길 것이다.'

수학능력시험으로 대입제도가 바뀌기 전에는 교과서를 달달달 외우는 것만이 해결책이었다. 학력고사세대라고 불리는 386세대가, 사고가 자유로운 젊은 세대에게 핀잔을 듣기도 하는 이유는 무조건 외우려고 하는 습관 때문이기도 하다. 브랜드는 시대 속에서 태어나서 소비자들과 함께 자라나는 살아 있는 생명체와도 같다. 이렇게 살아 움직이는 브랜드에 어떤 일정한 법칙의 전략을 세운다는 것은 쉽지 않다. 하지만 물이 위에서 아래로 흐르는 사실이 세월이 지난다고 변하지 않는 것처럼, 브랜드 마케팅 전략에서도 마찬가지다. 그 속에서 얼마나 응용력을 발휘하느냐는 깨어 있는 당신의 몫이다.

'부지런하라', '변덕을 부리지 마라' 브랜드를 대할 때마다 선배들이 가장 먼저 하는 말이다. 사람의 마음이라는 것이 하나로 정의될 수 없듯이, 브랜드를 대하는 소비자들의 심리도 끊임없이 변하게 마련이다. 천연조미료의 시초가 된 다시다가 처음 시장에 진출했을 때에는 소비자들에게 별다른 호응을 얻지 못했다가 후에 인기를 얻게 된 사례 역시 이런 소비자들의 변화하는 심리를 잘 보여주는 예이다. 자연식에 가까운 식생활을 하던 1970년대의 소비자들에게 천연조미료보다는 인공조미료가 더욱 매력적인 존재였고, 다시다는 그저 평범하게 느껴지는 조미료에 불과한 것이었다. 하지만 인공조미료를 멀리하고 '웰빙(well-being)'이 생활의 새로운 유행으로 자리 잡아가는 요즘 '천연'이라는 말의 에너지는 그 당시와는 하늘과 땅 차이니 참 다른 모습이 아닐 수 없다. 이렇게 사회와 삶의 모습에 따라 다양하기만 한 소비자들의 성향과 심리를 읽기 위해서는 부지런해야 한다. 또한 일관성을 유지하는 것 역시 중요하다. 전략이라는 것도 일관성 있게 실현되지 못한다면, 전략의 성과도 얻기 전에 브랜드 자체가 흐지부지되어 버리는 결과를 만들어내기도 하기 때문이다.

집중시키거나 퍼트려라

뱁새가 황새를 따라가면 어떻게 될까?

1. 가랑이가 찢어진다.
2. 뱁새가 황새가 된다.
3. 황새에게 혼난다.

갑자기 이게 무슨 장난 같은 질문이냐 싶을 것이다. 시각을 어떻게 하느냐에 따라 대답은 물론 달라질 것이다. 하지만 브랜드에서 뱁새가 황새를 따라가려면 가랑이가 찢어지기 쉬운 것이 현실이다.

'하나를 잘 만드는 회사가 다 잘 만들겠지.'

'이것저것 만드는 회사보다 하나만 만드는 회사 제품이 더 좋지.'

브랜드에 대한 소비자들의 심리는 대부분 이렇게 두 가지로 나눠진다. 당신의 생각은 어떤가. 이런 소비자들의 심리에 대해서 기업들은 선택의 기로에 빠진다. 이것저것 다 잘 만드는 회사가 되느냐,

아니면 하나를 기가 막히게 잘 만드는 회사가 되느냐의 문제이다.

한국에서는 삼성, 현대, CJ, LG 등 대기업들이 경제의 많은 부분을 차지하고 있다. 이런 대기업의 경우, 자동차에서부터 칫솔에 이르기까지 다양한 브랜드를 많이 보유하고 있다. 대기업들이 바라는 소비자들의 생각은 '하나를 잘 만드는 회사가 다 잘 만들겠지'라는 이미지일 것이다. 삼성, CJ, 현대 등 대기업이라는 브랜드를 달고 시장으로 쏟아져 나오는 각각의 브랜드들은 서로 중복되지 않으면서 짜임새 있게 연결되는 시스템을 구축하는 것이 관건이다. '또 하나의 가족 삼성'이라는 슬로건으로 제품의 광고가 아닌, 기업의 이미지 광고에 수많은 자금을 투자하는 삼성의 경우나, 문화행사에 많은 돈을 투자하는 여느 기업들의 행동 역시, 수많은 브랜드를 하나로 묶어주는 가장 큰 브랜드인 기업의 이미지를 위한 것이다. '하나의 제품을 잘 만드는 회사는 다른 것들도 잘 만들 거야'라는 이미지를 심어주기 위해서 하나의 제품이 아닌, 기업이라는 브랜드에 이미지를 집중시키는 전략을 실행하는 것이다.

그렇다면 중소기업의 경우는 어떨까? 딤채로 유명해진 만도 위니아에서 옷을 만들어 판다면 어떨까. 뭔가 어색한 느낌을 지울 수 없을 것이다. 중소기업의 경우, 많은 브랜드를 운영하는 것보다는 확실하게 남을 수 있는 하나의 브랜드를 만드는 것이 더 중요하다. 딤채는 만도, 정수기는 웅진코웨이처럼 마치 실과 바늘과도 같이 저절로 연상되는 대표 브랜드를 만들어 브랜드에 대한 투자와 광고를 집중하는 것이 더욱 효과적이다. '소비자들에게 이것저것 잘 만드는 회사보다는 이것 하나만큼은 참 잘 만드는 회사'라는 이미지를 심어 주기 위한 브랜드에 집중하는 전략이 필요한 것이다. 이미지를 만들기에 집중할지, 브랜드를 만들기에 집중할지가 브랜드 전략의 시작이다.

브랜드 선행 전략은 정면승부다

브랜드 선행 전략

놀이터에서 두 아이의 싸움이 벌어졌다. 주변에는 무너진 두 개의 모래성이 있었다.

"야, 너 왜 따라해."

"아냐. 내가 언제 따라했어. 네가 따라했지."

아이들의 실랑이는 계속됐다.

아이들이 싸우는 이유를 물으니 이렇게 대답한다.

"모래성에다 창문을 만들었는데, 내가 처음으로 만들었거든요. 아저씨는 창문 있는 모래성 봤어요? 거기 구멍 만드느라고 얼마나 고생했는데…… 쟤가 따라했단 말이에요."

이 말을 듣던 다른 아이가 억울하다는 듯이 대꾸를 한다.

"아니에요. 내가 더 먼저 다 만들어서 애들한테 보여줬단 말이에요. 창문 만든 거는 내가 더 먼저란 말이에요."

늘상 만들고 놀던 모래성에 두 아이가 공교롭게도 같이 창문을 만들 생각을 했던 모양이다. 함께 놀던 아이들이 모래성에 만들어진 창문을 보고 '야 근사하다, 멋있다'라고 칭찬하자, 두 아이 사이에 서로 자기가 먼저 생각하고 만들었다고 주장하다가 싸움이 붙은 것이다.

브랜드에서도 이와 같은 일들이 자주 발생하곤 한다. 상표를 충분히 조사하고, 상표법 등록을 하고 브랜드를 내놓았다가도 유사상표 논란에 싸이기도 하는데, '처음', '최초' 언제나 이것이 문제다.

브랜드 전략을 세울 때, 가장 많이 쓰는 정공법이 바로 브랜드 선행 전략이다. 브랜드 선행 전략이란 자사의 브랜드를 가지고 시장에 바로 침투해서 소비자들의 지지를 얻으려는 전략이다. 보통 새로운 기술에 의해 개발된 브랜드나, 신제품의 경우 이런 전략을 행한다. 새로운 브랜드로 시장에 적극적으로 뛰어든 만큼, 시장의 판도를 바꿔놓은 만큼 많은 호응을 얻기도 하지만 실패할 가능성도 가장 큰 전략이기도 하다. 하지만 도전하는 자만이 승리를 얻는다고 했던가. 위험이 큰 만큼 성공했을 때의 보상도 큰 전략이다.

브랜드를 선행시키는 전략에 있어서 새로운 브랜드나 기존의 파워 있는 브랜드 역시 신중을 기해야 한다. 하지만 남들보다 먼저 브랜드를 내놓은 만큼, 원조 또는 대표 브랜드가 되는 행운을 누리기도 하는데 모험에는 항상 위험이 따르게 마련인 것이다.

브랜드 대항 전략은 측면승부다

1등이 있으면 2등도 있는 법, 시작한 사람이 있다면 그 뒤를 따라가는 사람도 있게 마련이다. 경쟁사가 브랜드 선행 전략을 폈을 경우, 새로운 브랜드로 선행 전략을 펴면서 맞대응할 수도 있다. 때로는 강공보다는 약공이 더 많은 힘을 발휘하기도 하는 법! 선행 전략에 맞는 대항 전략을 구상하는 것도 한 방법이다.

브랜드에서 최상의 공격은 방어라는 말을 한다.

따라하라!

강화시켜라!

최상의 공격 정책은 바로 이것이다.

꺾을 수 없다면 따라하라

경쟁사가 이미 안정된 시장 점유율을 확보한 경우, 이런 브랜드를 역전시키기란 그야말로 기적에 가깝다. 게다가 소비자들의 소비습관까지 형성됐다면 그야말로 선행 브랜드는 철옹성에 가깝다고 할 수 있다. 꺾을 수 없다면 따라하는 것이 더 현명한 선택이다. 이미 유명해진 경쟁사 브랜드의 유명세를 이용해서 자사 브랜드의 인지도를 높이는 것이다.

얼마 전부터 맥주가 페트병에 담겨서 판매되기 시작했다. 1.6리터들이 맥주를 보면서 '누군지 몰라도, 정말 아이디어 좋다'는 생각을 하고 주인에게 잘 팔리는지 물어봤더니, 특이한 모양 때문인지 처음 등장한 브랜드치고는 아주 좋은 반응을 보이고 있다고 했다. 실제로 OB에서는 '큐팩'이라는 대용량의 맥주를 홍보하기 위해서 대대적인 노력을 벌이고 있다. 그 결과 단시간 내에 소비자에게 1.6 리터들이 대용량 맥주에 대한 낯설음이 어느 정도 사라질 무렵, 진열대에는 OB의 큐팩 옆에 비슷하게 생긴 대용량 맥주가 슬그머니 자리 잡기 시작했다. 바로 하이트의 '하이트 피처'가 그것이다. 하이트의 경우, 대대적인 광고 공세를 펴던 OB와는 달리 하이트에서도 대용량 맥주가 출시됐다는 정도의 홍보에만 그치고 있다. 이것은 대대적으로 홍보를 벌이고 있는 OB의 광고 분위기에 묻어가려는 전략인 것이다. 역전할 수 없을 때 '따라하기'는 '타사 브랜드 모방 전략'을 성공적으로 수행하는 예이다.

기존 브랜드를 강화시켜라

하이트의 경우처럼 모방하고 광고 효과까지 덤으로 함께 타고 들어올 경우, OB에서는 어떤 전략을 펼까. 타사가 시장에 선행하여 능동적으로 들어온 경우, 방법은 기존 브랜드를 더욱 강화시키는 것이다. OB맥주가 얼마 전, 브랜드 개편을 감행한 이유도 기존에 확고하게 자리 잡고 있는 브랜드 파워를 더욱 강화시키려는 전략인 것이다.

'LG텔레콤의 상식입니다', '사회 리더층이 사용하는 이동통신 서비스' 등 최근 들어 번호이동성 제도의 도입이라는 변수에 따라 각이동통신 회사들이 기존의 브랜드 이미지를 강화시키는 광고를 부쩍 늘이는 모습도, 기존의 확고한 이미지를 더욱 강화시켜서 시장 점유율을 그대로 유지하려는 브랜드 대항 전략의 모습이다.

철수도 전략이다

앞에서 브랜드는 태어나고 자라는 생명체와 같다고 했다. 태어난 것은 언젠가는 사라지는 법. 정해져 있는 수명을 알 수 없지만 브랜드도 조금씩조금씩 그 수명을 다해 언젠가는 그 힘을 잃게 마련이다. 시장에 뛰어드는 것이 브랜드 전략의 절반이라면, 수명이 다한 브랜드가 되기 전에 시장에서 철수시키는 것 역시 중요한 브랜드 전략이다.

몇 달 또는 길게는 몇 년간 고생해서 키워놓은 브랜드를 시장에서 철수시킨다는 것이 쉬운 일만은 아니다. 하지만 지나치게 강하면 부러지고, 전쟁에서 후퇴를 모르는 장군은 부하들을 위험에 빠뜨린다고도 하지 않던가.

브랜드의 시장 점유율이 급격하게 떨어지고 전망까지 좋지 않다는 조사결과가 나올 경우에는 하루라도 빨리 그 브랜드를 철수시키는 것만이 현명한 전략구사방법이다.

'I.N.V.U~~~'

예쁘장한 소녀가 귀여운 목소리로 '난 니가 부러워~ INVU'를 외치는 광고를 기억하는가. 2002년에 접어들면서 백화점에서도 매장에서도 찾아보기 힘들어진 이 브랜드의 경우도 과감한 브랜드 철수 전략의 예를 보여준다. 모(母)기업인 신원에서는 시장 규모가 매년 1,000억 원씩 감소하는 추세를 보이자, 인기 브랜드임에도 불구하고 과감하게 시장 철수를 결정한 것이다.

개구리가 움츠리는 것은 더 멀리 뛰기 위한 준비라고 한다. 막대한 돈을 들인 브랜드를 철수시키는 것이 결코 쉽지 않은 일이다. 하지만 소비자들의 선택으로 그 수명이 결정되는 브랜드의 경우, 소비자들이 외면하기 시작한 브랜드에 대한 마음을 돌리기란 여간 어려운 일이 아닐 것이다. 우스갯소리로 변심한 애인의 마음을 돌리는 게 낫겠다고도 한다. 여러분이라면 어떤 선택을 하겠는가.

브랜드를 더 띄울 때는 신중함을 지켜라

레오나르도 다 빈치가 최후의 만찬을 그릴 때였다. 예수의 얼굴을 표현하고자 그는 가장 선하고 아름다운 청년을 찾았고, 그의 얼굴을 모델로 예수를 표현했다고 한다. 하지만 예수를 팔아넘긴 유다의 모습을 찾지 못한 채 시간이 흘렀고, 어느 날 레오나르도 다 빈치는 유다의 이미지와 가장 잘 맞아 떨어지는 중년의 추악한 얼굴의 남자와 만난다. 그런데 그 사람은 놀랍게도 그 옛날 예수 얼굴의 모델이 되었던 그 청년이었다.

1, 2위는 쉽게 변하지 않는다?

'마케팅 전쟁'이라는 말이 있다. 한 브랜드를 시장에 진입시키는 것은 흡사 전쟁을 방불케 한다. 다른 브랜드를 파악하고, 공격하고 다른 브랜드의 공격으로부터 자사 브랜드를 보호하는 일은 정말 전쟁과 같다는 생각이 저절로 들곤 한다. 마케팅 비용을 투자하면 쉽게 2위 브랜드가 1위 자리를 차지하리라고 생각하지만 그 변동은 거의 없다. 2위 기업이 시장 점유율 5퍼센트만 올리는 것도 사실 대단한 성공이라고 본다. 특히, 안정된 시장에서 시장 점유율 5퍼센트를 올리기 위해서는 엄청난 마케팅 비용이 투자되는 경우가 많다.

농심은 수십 년째 선두 자리를 차지하고 있으며, 2003년에도 시장 점유율 74퍼센트로 독보적인 1위를 유지하고 있다. 사이다 시장에서도 롯데칠성의 '칠성사이다'가 80퍼센트에 가까운 독보적 우위를 점하고 있고 이 순위는 수십 년째 변하지 않고 있다. 한때 킨사이다, 세븐업, 스프라이트 등 세계 유수의 사이다 업체들이 겨루었으나 칠성사이다에 모두 무릎을 꿇고 있는 상황이다.

SK텔레콤이 시장의 50퍼센트를 장악하고 있는 이동통신 시장은 어떤가? KTF, LG텔레콤이 엄청난 마케팅 비용을 쏟아붓고 있으며 정부도 벌금 부가와 '번호이동성 제도'를 도입하는 등 여러 가지 규제를 두면서까지 SK텔레콤의 독점을 막아보려고 애쓰지만 여전히 SK텔레콤의 시장 점유율은 50퍼센트를 넘어서고 있다. 특히, 올해 초에 실시된 번호이동성 제도를 통해서도 SK텔레콤의 시장 점유율은 1퍼센트도 채 안 되는 감소를 겪었을 뿐이다.

물론 예외가 없는 것은 아니다. 2위 업체가 영원히 2위밖에 못한다면 누가 사업을 하겠는가? 선도자가 큰 실수를 했을 경우, 종종 순위가 뒤바뀌는 경우가 생기기도 한다. 우리는 흔히 OB맥주와 하이트 맥주 사례를 든다. 두산전자의 페놀 방출 사고로 인해서 두산그룹의 계열사였던 OB맥주는 이미지에 심각한 타격을 입었다. 그때 크라운 맥주가 '하이트'라는 새로운 브랜드를 출시했다. 하이트는 당시 OB맥주의 약점이었던 '깨끗한 물'을 내세워 단숨에 시장을 키워나갔다. 그 결과 아직까지 하이트 맥주가 OB맥주를 누르고 시장 1위를 유지하고 있다.

이런 구식 사례를 들어야 할 만큼 시장 역전은 어렵다. 그만큼 선례가 없는 것이 현실이다. 시장의 1위, 2위는 잘 변하지 않는다. 시장을 뒤집기 위해서는 하늘이 주신 기회를 살려야 한다. 그리고 그 기회를 살리기 위해서 끊임없이 기회를 찾아내야 하는 것이 우리가 할 일이다.

브랜드는 자란다

태어나서 30대까지의 얼굴은 부모의 탓이고, 40대 이후의 얼굴은 자기 탓이라는 말이 있다. 레오나르도 다 빈치의 경우처럼 가장 아름다운 모습과 가장 추한 모습은 처음부터 함께 존재할지도 모른다.

이미 존재하는 모습에서 어떤 모습을 끌어내는가는 본인의 몫인 것이다.

세상에 완벽한 브랜드는 존재하지 않는다. 모든 장점을 다 가지고 있는 브랜드라고 할지라도 그 장점이 단점으로 변하는 경우를 겪게 마련이다. 브랜드가 가장 민감하게 영향을 받는 것이 소비자의 기호이기 때문이다. 너무나 세련되고 유형을 앞서가던 헤어스타일과 패션이 몇 년 후에는 '아니 내가 저것을 어떻게 입고 다녔을까' 하는 의문이 생길 정도로 촌스럽게 보이기도 하는 것처럼, 소비자의 기호는 끊임없이 변하고 발전한다. 그 외에서도 기술, 문화, 사회 등의 변화에 따라서도 브랜드는 변한다. 이런 이유로 브랜드는 끊임없이 자기계발을 시도해야 하고, 그것이 브랜드를 장수시키는 비결이 된다.

소비자의 기분을 달래라

이미 안정된 것을 바꾸기란 결코 쉽지 않다. 이미 소비자들에게 한번 인정받은 브랜드일 경우, 변경뿐만 아니라 확장의 문제에 있어서도 조심스러울 수밖에 없다. 그도 그럴 것이 소비자들은 변덕스럽기도 하지만, 한편으로는 고집스러운 충성심이 있기 때문이다. 만약 소비자가 어떤 브랜드에 대해서 '음, 이 브랜드는 이게 좋아'라는 이미지를 가지고 있다면, 소비자는 그 고정된 이미지를 쉽게 바꾸려고 하지 않는다.

이미 성공한 브랜드를 확장하려고 할 때, 먼저 제품이 어떠한 것인가가 중요한 것이 아니다. 소비자가 거부감 없이 특정한 이미지를 그대로 용인할 수 있느냐가 더 중요한 것이다. 거부감 없이 확장에 성공한다면 새로운 브랜드뿐 아니라 기존 브랜드의 이미지가 더욱 강화되어 회사는 전체적으로 전문화되어 간다는 평가를 받을 수 있다. 하지만 브랜드 확장에 실패한다면 새로운 브랜드의 실패는 물론, 기존 브랜드의 이미지까지 훼손되어 회사는 치명적인 손실을 입기도 한다. 브랜드의 칼자루를 쥐고 있는 것은 소비자의 심리인 것이다.

변하려면 완전히 바꿔라

변화에는 두 가지가 있다. 영화 '페이스 오프(Face Off)'의 주인공들처럼 완전히 얼굴 전체를 바꾸는 변화와 얼굴의 한 군데만을 살짝 고쳐주는 변화가 있다. 브랜드의 성형수술에서도 이와 같은 구분은 적용된다. 대체로 브랜드를 확장할 경우, 얼굴의 한 군데만을 고치는 변화를 시도하고, 브랜드 입지의 역전을 꾀할 경우에는 완전히 다른 얼굴로 바꾸는 모험을 강행한다.

1977년에 출시된 '마일드세븐'의 경우, 1984년까지 시장 점유율을 42퍼센트나 차지할 정도로 일본 담배 중에서 가장 인기 있는 브랜드였다. 그런데 시대가 바뀌면서 담배에 대한 소비자의 시각이 달라지기 시작했다. 최근 들어서는 모든 건물이 금연구역으로 지정되면서 애연가들이 설 자리가 없어지고 있는데, 당시 흡연가들 사이에서도 담배에 대한 인식에 작은 변화가 생기기 시작했다. 소비자들이 니코틴, 타르의 양이 적은 담배를 찾기 시작한 것이다. 이런 변화 중에는 마일드세븐의 주 소비자층이 고령화되는 것도 영향을 끼쳤다. 이에 마일드세븐이 새롭게 출시한 것은 '마일드세븐 라이트'였다. 마일드세븐이 가진 기존의 브랜드 파워를 이용해서 새로운 브랜드로 확장해 가겠다는 이 전략은 소비자의 요구와 맞아떨어지면서 개발단계에서 실시한 판매 기대치 조사 결과를 훨씬 뛰어넘어 성공 브랜드로 자리를 잡았다. 피우던 담배 브랜드에 집착하는 담배 소비자들의 경향을 잘 파악하고 활용한 결과, 새로운 브랜드에 대해서 소비자들이 갖는 거부감을 극복할 수 있었던 것이다.

한편 대대적인 수술을 감행해서 성공하는 경우도 있다. 지금의 하이트 맥주의 전신인 크라운 맥주는 맥주 시장에서 OB맥주에 뒤져, 만년 2위 자리에서 고전을 면치 못하고 있었다. 이렇게 고전을 면치 못하는 데는 맛에 대한 소비자들의 의식 때문이었다. 소비자들은 '크라운 맥주는 OB맥주에 비해서 맛이 쓰다'라는 인식을 가지고 있었고, 그 인식이 크라운 맥주의 발목을 붙잡아 만년 2위 자리에 머무르게 한 것이다. 이런 상태에서는 마일드세븐의 경우처럼 브랜드 확장을 감행하는 것이 불가능했다. '크라운 소프트'라는 새로운 브랜드를 런칭한다고 해도 소비자들은 '어, 크라운? 쓸 거야'라고 판단해 버리기 때문이다.

이에 크라운 맥주는 전혀 새로운 방법으로 변화를 시도했다. 기존 브랜드의 개념을 버리고 새로운 정보의 브랜드로서 소비자들에게 다가간 것이었다. 이때 크라운 맥주가 선택한 것이 '100% 지하 천연 암반수'라는 개념이었다. 또한 크라운 맥주라는 이름을 버리고, '하이트'라는 새로운 이름을 택한다. 하이트라는 단어가 주는 산뜻한 청감은 기존의 브랜드 이미지를 완전히 다르게 만들어주었다. 결과는 성공이었다. 하이트란 브랜드를 새로 도입하지 않고 천연수로 만들었다는 광고만으로는 이와 같은 성과를 거둘 수 없었을 것이다. '천연 암반수로 만들어도 크라운 맥주는 쓰다'라는 이미지를 소비자들은 바꾸려고 하지 않았을 것이다. 만약, 지금 당신의 브랜드가 고전을 면치 못하고 있다면 변화를 두려워하지 말자.

문화적 배경을 고려하라

지금부터 5초 동안 생각나는 브랜드나 기업의 이름을 세 개만 말해 보자. 어떤 이름들이 떠오르는가? 삼성, 현대, LG, CJ, 기아 등 대기업의 이름이 먼저 떠오르지 않는가. 급속한 경제 성장을 일구어 낸 한국 경제의 특성상, 국내 시장은 해외 시장과는 다른 독특한 분위기가 있다. 바로 대기업, 소위 재벌 중심의 경제구조가 그것이다.

브랜드에서도 예외가 아니다.

집 안에 있는 물건들을 살펴보자. 청소기, 자동차, 전화기, 냉장고 등 각각의 제품은 다르지만, 그 앞에는 항상 '삼성 ○○○ 청소기', '삼성 ○○○ 자동차' 이런 식의 브랜드 이미지와 이름이 있는 경우가 대부분이다. 이것은 '이씨, 김씨, 최씨'처럼 이름 앞에 그룹명을 붙여서 브랜드를 더 잘 팔리도록 해주는 브랜드 마케팅의 한 방법이다. 이런 브랜드들을 '하우스 브랜드'라고 한다. 하우스 브랜드 시장이 아주 발달한 곳이 바로 한국이다.

반대로 미국 시장에서는 한국과는 반대의 경우가 발생하기도 한다. '돌(dole)'이라는 파인애플 통조림이 그 예이다. 파인애플 시장에 돌과 델몬트가 주를 이루었는데, 돌은 델몬트와는 비교도 안 될 정도로 우위를 차지하고 있었다. 파인애플로 성공을 거둔 돌은 바나나에도 돌이라는 브랜드를 붙여 시장에 도전했다. 그런데 결과는 실패였다. '파인애플=돌'이라는 브랜드 이미지가 희석되면서 소비자들이 돌에 대해서 가졌던 '파인애플 전문회사'라는 믿음이 약해졌고, 결과적으로 파인애플과 바나나 모두 점유율이 떨어지고 말았다. 이런 결과가 나온 것은 전문화·분업화로 발달된 미국의 사회적인 분위기 때문이었다. 문어발식의 대기업 경영 문화에 익숙했던 한국의 상황이었다면 그 결과는 달라졌을지도 모른다. 하지만 최근 들어 국내에서도 점점 상황이 달라지는 모습을 발견할 수 있다. 정수기, 김치냉장고와 같은 가전제품을 중심으로 단일 전문 브랜드가 성공하는 모습들을 볼 수 있기 때문이다.

청호 나이스 정수기의 경우, 정수기 업계에서 단일 브랜드라는 전문성을 무기로 짧은 시간에 시장에서 높은 입지를 구축하는 데 성공했다. 이런 성공을 바탕으로 하우스 브랜드화를 시도한 것이 바로 화장품이었다. '청호 나이스 화장품' 청호 나이스 정수기라는 브랜드에 익숙하고 그 브랜드를 신뢰해 왔던 소비자들에게 '청호 나이스 화장품'은 너무나 낯설게만 다가왔고, 결과적으로 정수기 전문 브랜드라는 특화된 이미지까지 흐리게 만드는 결과를 낳아 실패를 겪었다. 이미 거대한 하우스 브랜드를 형성한 대기업을 제외한 다른 브랜드가 하우스 브랜드식의 확장을 시도하는 것은 그러한 소비자들의 변화를 읽지 못한 행동이다. 이제는 전문화·세분화가 필요하다. 확장 역시 전문화된 분야 내에서의 확장이 필요한 시대이다.

끊임없이 브랜드를 진단하기 위한 실행 tip

1. 시장 상황과 브랜드가 얼마나 잘 맞아떨어지는지 확인하라.

2. 브랜드가 소비자들이 갖는 이미지와 어느 정도 맞는지 확인하라.

3. 브랜드 네임이 기본적으로 얼마나 힘을 발휘하고 있는지 체크하라.

4. 광고와 제품, 그리고 브랜드 컨셉트가 얼마나 일치하는지 체크하라.

5. 브랜드가 소비자의 머릿속에 얼마나 집중화된 힘을 발휘하는가를 체크하라.

6. 브랜드에 대한 소비자들의 연상차원이 어떤 단계인가를 체크하라.

1. 시장 상황과 브랜드가 얼마나 잘 맞아떨어지는지 확인하라

너무 낯선 것도, 너무 익숙한 것도 소비자들에겐 환영받지 못한다. 브랜드를 도입할 때, 시장 분위기를 파악해야 하는 것도 바로 이런 이유 때문이다. 따라서 브랜드에 대한 시장의 성숙도에 따라 소비자들에게 접근하는 브랜드의 유형이 달라져야 한다.

일반적으로 브랜드 초기에는 상호의 이미지로 고객들에게 다가가는 것이 유리하다. 신생기업이 아니라면 소비자들의 머릿속에 이미 인식된 상호가 전혀 낯선 브랜드보다는 친근하기 때문이다. 따라서 시장이 아직 형성되지 않은 초기 단계일수록 개별 브랜드보다는 기존 상호를 활용하는 편이 유리하다. 하지만 일단 시장이 성숙한 후에는 신중하게 신규 브랜드 도입을 검토해야 한다. 시장 상황을 정확하게 읽는 것이 브랜드를 진단하는 첫걸음이다.

2. 브랜드가 소비자들이 갖는 이미지와 어느 정도 맞는지 확인하라

소비자들은 브랜드를 이미지로 인식하는데, 때로는 대부분의 소비자들이 기업의 의도와는 다른 이미지로 인식하는 경우도 있다. 실제로 정보형 제품인 브랜드를 소비자들이 광고를 통해 정서형 제품으로 인식해 버리는 경우가 발생하기도 한다. '메디덴트 토탈'이라는 치약의 경우도, 회사에서는 정보형 제품으로 인식하고 마케팅을 펼쳤지만, 소비자들은 손지창, 오연수라는 연예인 부부의 행복한 신혼 모습을 보여주는 광고로 인해서 정서형 제품으로 인식해 버렸다. 따라서 그 이후의 마케팅 관점이 서로 달라져 어려움을 겪는 것은 당연한 일이다. 브랜드를 진단할 때는 내가 생각하는 브랜드의 이미지와 소비자드이 생각하는 브랜드 이미지가 일치하는지 그 여부를 체크해야 한다.

3. 브랜드 네임이 기본적으로 얼마나 힘을 발휘하고 있는지 체크하라

말복이와 현석이가 갖는 느낌은 다르다. 이름은 이름 자체가 갖는 이미지의 힘이 있다. 브랜드에서도 광고를 통해서 그 브랜드에 대한 이미지가 형성되기도 전에, 브랜드 네임 자체만으로도 사람들 사이에서 일정한 이미지가 사전에 형성된다. '메디덴트 토탈'이라는 브랜드 네임을 가진 치약의 실패도 브랜드 네임이 갖는 이미지의 힘 때문이었다. '토탈'이라는 단어를 통해서 '잇속의 모든 문제를 해결한다'는 이미지 효과를 기대했던 회사의 입장과는 달리 소비자들은 '토털 패션'이라는 이미지를 연상했던 것이다. 소비자들이 받아들이는 내용은 실제의 의도와 다른 경우도 있다. 따라서 자기 브랜드를 정확하게 진단하지 않으면 실패할 확률이 높다. 브랜드 네임이 지닌 사전적인 이미지의 힘을 정확하게 진단하는 것이 중요하다.

4. 광고와 제품, 그리고 브랜드 컨셉트가 얼마나 일치하는지 체크하라

광고가 아무리 인기를 끈다고 해도 그 속에 브랜드에 대한 컨셉트가 인식되지 않는다면 그 광고는 실패한 광고다. 광고 후에 모델만 기억이 나고 그게 무엇을 홍보하는 광고인지 알지 못한다면, 값비싼 모델 섭외료와 화려한 영상을 동원해서 만든 광고의 의미가 사라지고 말 것이다. 실제로 '싸이언'이 박진영을 모델로 광고를 했던 경우에도 박진영이라는 스타가 가지고 있는 이미지에 가려 브랜드 컨셉트가 뒤로 밀려버리는 결과를 낳았다. 광고를 보고 소비자들이 박진영이라는 모델에는 열광하지만, 정작 싸이언이라는 브랜드는 기억하지 못했던 것이다. 광고와 제품과 브랜드가 따로 놀고 있으면 브랜드는 전혀 힘을 갖지 못한다. 따라서 브랜드를 진단할 때, 광고와 브랜드가 얼마나 서로 일치하고 있는지를 조사해야 한다.

5. 브랜드가 소비자의 머릿속에 얼마나 집중화된 힘을 발휘하는가를 체크하라

하나의 브랜드에는 하나의 확실한 이미지가 있는 것이 중요하다. '미원' 하면 한국 조미료의 대표라는 이미지가 떠오르지 않는가. 이러한 이미지는 소비자들의 무의식 속에 자리 잡는다. 따라서 '조미료 사야지' 하는 인식이 떠오르는 순간, 소비자의 손은 이미 '미원'이라는 브랜드를 잡고 있는 결과를 낳는다.

소비자들은 여러 가지 이미지 중에서 자신이 선호하는 이미지를 가진 브랜드를 선택한다. 그런데 브랜드가 여러 소비자를 잡고자 여러 개의 이미지를 가진다면, 소비자는 '어, 이도저도 아니네'라고 느끼며 그 브랜드를 외면하고 말 것이다.

이미지도 과유불급이다.

6. 브랜드에 대한 소비자들의 연상차원이 어떤 단계인가를 체크하라

브랜드를 선택할 때, 대부분 두 가지의 기준으로 나뉜다. "이건 편하니까"라고 다가가는 편익적인 브랜드와 "이건 마음에 드니까"로 다가가는 기호적인 브랜드로 나뉜다. 일반적으로 편익적으로 다다가는 브랜드는 시장 초기 단계에서 자리 잡기에 유리하다. 처음 시장에 런칭하는 브랜드가 지나치게 정서나 기호에 의존할 경우, 브랜드의 이미지가 모호해지고 경쟁 브랜드에 대해 차별성과 신뢰성이 약하게 느껴져서 실패할 확률이 높기 때문이다. 반대로, 시장이 안정된 경우에는 정서나 기호에 호소하는 것이 유리하다. 오래된 브랜드가 지나치게 기능과 편익적인 부분만 강조하다 보면 소비자들은 그 브랜드를 딱딱하고 지루하게 느낀다. 따라서 브랜드의 단계에 따라서 고객이 브랜드를 연상하는 어느 부분을 자극시킬 것인가에 대한 진단이 필요하다. 브랜드에 대한 소비자들의 연상이 어느 선에 머물러 있는지를 체크해야 한다.

4 브랜드를 개발하라

브랜드 개발에도 워밍업이 필요하다

브랜드 컨셉트를 구상하라

건물을 지을 때, 가장 먼저 시작하는 일은 무엇일까. 다름 아닌 설계도를 그리는 일이다. 건물을 어떤 모양으로 어떻게 지을 것인가에 대한 설계도가 나온 후에야 실제 건물을 짓는 작업을 시작할 수 있다. 브랜드 작업에서 컨셉트를 잡는 일은 설계도를 그리는 일과도 같다. 컨셉트에 따라서 브랜드의 개발 단계와 네이밍, 디자인이 결정되기 때문이다. 결국 컨셉트가 브랜드의 미래를 좌우한다고 해도 과언이 아니다.

'다음, 네이버, 야후'는 모두 똑같은 포털 사이트들이다. 하지만 각 사이트들이 지닌 대표적인 이미지는 다르다. 다음은 메일이나 카페로, 네이버는 지식 검색이라는 이미지, 야후는 다양성이라는 포털 사이트의 이미지를 가지고 있다. 똑같은 포털 사이트임에도 소비자들에게 이처럼 다양하게 인식되고 있는 것은, 바로 각 브랜드들이 지향하는 컨셉트가 다르기 때문이다. 만약 당신이 이러한 사이트들과 경쟁해야 하는 새로운 포털 사이트를 브랜드화한다면, 이들과는 차별화된 다른 컨셉트를 발굴해서 브랜드 개발 방향을 잡아야 할 것이다.

브랜드 컨셉트는 회사의 목표와도 일치하는 경우가 많다. 그 회사의 성향이나 목표가 브랜드에도 영향을 미치는 것이다. 하지만 브랜드 컨셉트를 고려할 때, 가장 먼저 고려해야 하는 것은 '타깃 소비자층 규정하기'이다. 소비자층에 따라서 추구해야 할 브랜드의 목표가 달라지기 때문이다. 만약 인터넷 포털 사이트의 타깃 소비자층을 40~50대로 잡고, 디자인에서 텍스트까지 '건강, 재산관리' 등을 중심으로 이끌어간다면 어떨까. 분명, 실제로 가장 큰 소비자층인 20대 후반들에게 외면당하고 말 것이다.

브랜드 컨셉트를 개발할 때, 또 하나 잊지 말아야 할 것이 있다. '사업의 특성을 차별화시키는 컨셉트 찾기'이다. 무교동 낙지집이라는 사업을 예로 들어보자. 기존의 무교동 낙지의 경우, 서민적이고, 친근한 이미지를 가졌다. '먹물낙지'라는 브랜드가 있다. 낙지 음식점이라는 특징을 잘 드러내면서도 친근하고 재미있는 이미지를 심어주는 편안한 컨셉트를 통해서 소비자들에게 쉽게 다가가는 장점이 있는 브랜드다. 하지만 만약 당신이 새로운 퓨전 낙지집을 열고 싶다면 어떨까. 서민적이고 친근한 이미지의 컨셉트와는 다른, 세련되고 고급스럽고 참신한 컨셉트가 필요할 것이다. 잘못된 컨셉트는 외국인이 한복을 입은 것처럼, 양복을 입고 상투를 틀고 있는 것 같은 어색함을 유발시킨다. 컨셉트를 정확히 규정하고 다듬는 작업이 브랜드 개발의 첫 단추라고 하는 것도 바로 이런 이유 때문이다.

생각해 ! 봅시다

대기업이 만들면 무조건 성공한다?

시대가 변하고 있다. 아니 사람들이 변하고 있다.

일반적으로 유명 대기업에서 브랜드를 런칭하면 성공하는 경우가 많다. 이런 현상은 특히 우리나라에선 더 두드러지게 나타나곤 한다.

"이거 대기업 제품이야, 브랜드야."

"대기업에서 만들어야 믿을 만하지."

이러한 막연한 믿음을 가진 소비자들이 많았던 것이 사실이다. 우리나라 사람들은 대기업이 만들면 좋은 제품이라고 생각하는 경향이 강하기 때문이다. 인터넷이 보급되고 소비자의 정보력이 강해진 요즘, 소비자들은 변하고 있다.

대표적인 사례를 보여주는 곳은 MP3플레이어 시장이다. MP3플레이어 시장에서 선두자리를 지키고 있는 것은 대기업이 아닌, 중소기업 레인콤이다. 레인콤이라는 이름은 낯설어도 '아이리버'라는 이름은 익숙할 것이다. 아이리버의 모기업인 레인콤은 시장에서 엄청난 성공을 거두며 기존 MP3 시장을 70퍼센트 이상 대체할 만큼 거대한 시장 규모를 형성했다. 이렇듯 MP3 시장이 커지자 삼성은 MP3플레이어 시장에 본격적인 진출을 선언했다. 하지만 삼성이 MP3 시장에 진출을 선언하고 대대적인 공격선언을 한 지 벌써 꽤 많은 시간이 흘렀지만 1위는 여전히 아이리버이고 삼성의 'Yepp'은 두각을 나타내지 못하고 있다. 대기업의 이름도 전문 기업이 이미 쌓아놓은 소비자와 브랜드 간의 신뢰를 떼어놓지 못한 것이다.

전기밥솥 시장에서도 마찬가지다. 삼성보다는 쿠쿠홈시스가 더 유명하다. 쿠쿠홈시스는 전기밥솥만을 만들었던 전문 업체로 입소문을 통해서 유명해졌다. 지금은 각종 가전제품을 모두 생산하고 있지만, 전기밥솥 시장에서는 여전히 1위의 자리를 놓치지 않고 있다.

얼마 전부터 황사, 웰빙 등으로 인기를 끌었던 공기 청정기는 어떤가? 삼성보다는 청풍이 공기 청정기 시장을 주도하고 있다. 청풍 역시 공기 청정기만 전문적으로 생산하는 업체로 공기 청정기 시장에서는 누구나 청풍을 인정한다. 아직까지 안정된 시장은 아니지만 아마 시간이 흘러도 청풍의 우위는 지속될 것이다.

이제 대기업이 만들었다고 해서 다 성공하는 시대는 지난 것 같다. 소비자의 정보력이 높아지고 소비자의 적극성이 높아지면서 오직 대기업이라는 이름만으로 제품이 팔리진 않는다. 그리고 앞으로는 중소기업에서도 좋은 제품과 좋은 브랜드만 있다면 성공할 가능성이 점점 높아지고 있다.

전략적 위치를 선택하라

'소비자의 머릿속을 공략하라.' 브랜드 작업의 공통적인 목표는 바로 이것이다. 소비자들의 머릿속에 중요하게 인식되는 것이 브랜드의 성공과 실패를 좌우하는 중요한 요소가 된다. 세상에 100퍼센트 완벽한 것은 존재하지 않는 법이다. 브랜드에서도 마찬가지다. 제품, 가격, 유통, 판촉 등 모든 조건을 완벽하게 구성하는 브랜드를 만나는 일은 거의 불가능하다. 여기서 가장 처음에 선택해야 할 문제가 시작되는 것이다.

한 제품을 브랜드화하려고 할 때 '과연 어떤 조건을 선두에 내세울 것인가'에 관한 문제에 대해서 고민하지 않을 수 없다.

'강한 것은 강조하고, 약한 것은 보완하라.'

너무나 쉽고 당연한 말처럼 들리지만 당신이 첫 번째 선택의 기로에 섰을 때, 결코 잊지 말아야 할 것이다. 처음 브랜드 전략을 세울 때, 기준이 되는 것은 소비자들에게 어떤 개념으로 접근하여 강한 이미지를 남길 것인가이다. 소비자들에게 특정한 인상을 심어주는 데 중요한 역할을 하는 요소에는 가격, 제품 디자인, 제품 기능, 상표, 포장, 로고 등이 있다. 이런 요소들은 색, 형태, 크기, 재료, 무게 등의 하위 요소로 다시 한 번 나뉜다. 이러한 다양한 요소들은 다음과 같이 대략 네 가지 정도로 정리할 수 있다.

1. 제품 전략
2. 가격 전략
3. 유통 전략
4. 판촉 전략

제품 전략은 '상표, 로고, 디자인, 캐릭터, 특성, 기능' 등 제품 자체에서 다른 제품과 구별될 수 있는 특징들을 찾아내는 것이다. 주로 제품이 지닌 기술적인 특성과 외형적인 특성을 기준으로 장점들을 찾는다. 많은 브랜드들이 가장 많이 선택하는 것이 바로 제품 전략이다. 특히 신제품이나 리뉴얼된 제품의 경우 제품 전략을 선택한다. 제품 전략을 선택할 때 가장 중요한 것은 제품에 대해서 냉정하게 판단하는 일이다. 흔히 요리를 만든 사람은 정작 요리의 맛을 잘 모른다라는 말들을 한다. 요리를 만드는 과정에서 수없이 요리의 맛을 본 사람은 어느새 양념의 냄새와 맛에 코와 혀가 무뎌져서 맛을 잘 느낄 수 없기 때문이다. 제품과 브랜드를 개발하는 사람도 그런 함정에 빠지기 쉽다. 특히나 제품을 개발하고 브랜드화하는 과정이 하나의 집단에서 일어나는 경우 제품 자체만을 보지 못하고, '저 제품을 개발하느라 얼마나 고생했는데'라는 생각을 브랜드에 대입시키는 경우도 발생하곤 한다. 이런 경우는 비단 대기업의 제품 브랜드화뿐만 아니라, 작은 음식점을 브랜드화하는 과정에서 충분히 발생할 수 있다. 따라서 냉정하고 객관적인 감각을 잃지 않는 것이 가장 중요하다.

요즘처럼 장기간의 경제침체 상황에서는 가격 전략이 인기를 얻는다. 가격 전략을 선택할 때 먼저 고려해야 할 것은 시장특성에 맞는 원가 산정과 마진율 조정을 통한 소비자 가격의 산출이다. '밑지고 판다는 말은 거짓말이다'는 말처럼, 손해 보는 장사를 하는 장사꾼은 없을 것이다. 10원을 남기고 100개를 팔 것인가. 15원을 남기고 50개를 팔 것인가를 잘 판단하고 선택하는 것이 가격 전략의 성공을 좌우한다.

가격 전략과 연관지어서 빼놓을 수 없는 것이 바로 유통 전략이다. 유통 경로와 물적 유통을 어떻게 장악하고 있느냐, 판매 조직을 어떻게 구성하고 있느냐에 따라서 가격 전략도 좌우되기 때문이다. 최근 들어 많은 것들이 전국화·체인화되고 있다. '다이소'라는 천냥백화점(생필품을 싸게 파는 가게)이 짧은 기간에 성공한 이유도 이런 전국적인 판매망 때문이다. 유통망은 '동맥'과 같은 역할을 한다. 유통망이 얼마나 내실 있게 구성되었느냐에 따라서 브랜드의 힘이 조절되기도 한다. 서울 명동에 100평짜리 가게 하나를 가진 천냥 백화점과 전국 10개 도시에 1평짜리 천냥백화점 100개를 가진 천냥백화점의 브랜드 파워 중 어느 곳이 더 강한지는 비교해 보지 않아도 알 수 있을 것이다.

판촉 전략은 이미 소비자들에게 브랜드 이미지를 형성한 브랜드의 차별화를 위해서 선택할 수 있는 전략 중에 하나이다. 일반적으로 판촉 전략에는 광고, 판매 촉진, 홍보, 인적 판매들이 포함된다. '선영아 사랑해'라는 포스터가 전국에 동시에 붙었던 일을 기억하는가. 제품의 이름을 등장시키지 않고 특정 이미지만을 보여줘서 사람들의 호기심을 자극하는 티저 광고처럼, 새로운 브랜드를 런칭하기 위한 신비주의 전략도 있지만 대부분의 판촉 전략은 브랜드 출시 이후에 선택하는 전략이다.

제품, 가격, 유통, 판촉 전략 이 모든 것이 조화를 이룰 때 가장 이상적인 브랜드 작업이 이루어진다. 하지만 양손에 떡을 모두 움켜쥐고 있을 수는 없는 것처럼 작업의 시작부터 모든 것을 다 만족시킬 수는 없다. 작업의 시작 단계에서는 그 브랜드의 특징이 될 수 있는 하나의 전략을 선택해서 강조한 후, 나머지 부분들을 보완하는 순서를 따르는 것이 바람직한 방법이다.

테스트를 실시하라

세상에서 가장 말 못하는 사람을 세계 제일의 달변가로 만들어주는 비법이 있다. 그것은 '그 사람의 말을 매일 5분 이상 들어줘라'이다. 사람들의 마음이 점점 급해지고 있다. 그리고 남의 말을 듣는 여유가 점점 없어지고 있다. 브랜드 작업을 하는 사람들 역시 자신의 아이디어에 대해서만 고민할 뿐, 사람들의 말을 잘 들으려고 하지 않는다. 하지만 브랜드라는 것이 무엇인가. 소비자들의 선택을 먹고사는 생명체 아닌가. 브랜드 작업을 하는 데 소비자들의 소리만큼이나 쓰면서도 알찬 양분은 없다. 제품이 나오고 첫 브랜드 전략을 선택했다면, 그 다음 단계에서 실시해야 하는 것은 바로 그 처방에 대한 소비자들의 검증을 받는 것이다. 검증에는 다음의 세 가지 방법이 있다.

1. 실험실 테스트
2. 전문가의 평가
3. 소비자 테스트

실험실 테스트의 경우, 주로 기술적인 측면을 검증할 때 사용된다. 자동차 엔진, 타이어의 검사와 같은 제품 성능에 관한 결과를 쉽게 파악할 수 있는 방법이다. 제품 성능에 대한 신뢰성을 강하게 어필할 수 있는 측면에서는 강점이 있다. 하지만 이 방법은 이 브랜드를 소비자가 사용했을 경우, 어떻게 느끼는지에 대한 '제품 사용 상황'을 완전하게 반영하지 못한다는 단점이 있다. 따라서 이 방법을 실시할 때에는 소비자들의 감성적인 부분을 파악할 수 있는 소비자 테스트를 함께 실시해야 한다.

전문가의 평가는 관련 전문가의 판단에 의한 평가 방법으로, '소비자가 이 브랜드에 대해서 어떻게 평가할 것이다'라는 전문가의 소견을 중심으로 이루어진다. 브랜드에 대해서 논리적이고 이성적인 판단을 얻을 수 있고, 비용이 적게 든다는 장점이 있다. 하지만 전문가의 판단이 반드시 소비자 개개인의 판단과 일치하지 않을 수도 있다는 가능성도 있다.

소비자 테스트는 제품이나 브랜드 테스트의 가장 중요한 방법이다. 흔히, H.U.T(Home Use Test)와 C.L.T(Central Location Test)의 방법을 사용한다. 이때 소비자들에게 상표를 노출시키지 않고 신제품과 비교제품을 평가하는 블라인드 테스트 하는 방식을 택한다. 이런 제품의 평가시에는 컨셉트 조사도 병행 실시해서 소비자들이 컨셉트만을 보고 평가했을 때와 실제 제품을 사용한 후의 평가가 어떻게 다른지를 확인하고, 컨셉트 조사 결과보다 새로운 제품의 반응이 훨씬 나쁘게 나타난 부분을 찾아 새로운 수정, 보완을 거친다. 그 브랜드의 방향을 결정해 주는 가장 명확한 방법이지만 많은 시간과 인력과 돈이 투자된다는 단점이 있다.

전략을 세우고, 테스트를 하는 것 모두 시장에 브랜드를 선보이기 전에 혹은 이미 시장에 진입해 있는 브랜드를 수정하고 확장시키기 전에 필요한 과정들이다. 이런 과정들을 통해서 다듬어진 브랜드로 소비자들에게 다가갔을 때, 소비자들은 브랜드를 더 쉽게 받아들이는 것이다.

브랜드의 조건을 기억하라

브랜드에는 제품과 서비스 모두 포함된다. 야채가게에서 파는 야채 하나도 브랜드가 될 수 있고, 미용실의 서비스 한 가지도 브랜드가 될 수 있다. 하지만 이러한 브랜드를 소비자들에게 가장 쉽게 인지시키는 데 큰 역할을 하는 것은 바로 브랜드 네임과 브랜드 마크, 트레이드 마크이다. 브랜드 네임은 소나타, 하이트, 다시다 등과 같이 말로 표현되는 부분이고, 브랜드 마크는 상표 중 디자인이나 색상, 또는 문자와 같이 인식되지만 말로는 표현될 수 없는 부분이며, 트레이드 마크는 법적보호에 의해 독점적 사용권이 허용된 등록상표나 상표의 일부분을 말한다. 이 모든 것의 공통점은 소비자들이 '아! 그거'라고 인식할 수 있도록 하는 표시라는 점이다. 일반적으로 좋은 브랜드, 대박 브랜드라고 불리는 브랜드들은 다들 브랜드의 얼굴이라고 할 수 있는 좋은 브랜드 네임, 마크, 트레이드 마크를 가지고 있다. 좋은 브랜드의 가장 기본적인 조건을 간단히 정리하면 다음과 같다.

1. 제품의 특성을 잘 표현할 것

2. 발음, 철자, 기억들이 용이할 것

3. 분명한 의미 전달이 가능하고 참신성이 있을 것

4. 법적인 독립성 획득이 가능할 것

5. 제품 라인의 확장 연결이 가능할 것

6. 광고로 전달성이 용이할 것

한마디로 무엇을 강조하고 있는지, 장점이 무엇인지에 대한 컨셉트가 확실하고, 소비자들에게 쉽게 기억될 수 있는 참신성과 개성을 지닌 브랜드가 좋은 브랜드인 것이다. 브랜드 네임의 네 가지 조건인 명료성, 효용성, 신선감, 친근감 역시 이런 기준에 근거한다. 브랜드는 끊임없는 조사와 관찰, 개발을 필요로 한다. 그리고 그런 작업에는 시간과 돈이 투입되게 마련이다. 많은 노력과 시간을 헛되지 않게 만드는 가장 현명한 방법은 바로 개발 초기 단계부터 숲을 볼 수 있는 시선을 놓지 않으며, 하나하나 단계를 밟아나가는 일일 것이다.

브랜드 네임은 짧은 게 좋다?

절대적으로 좋은 네임이란 존재하지 않는다. 이 네임이 저 회사에는 안 맞고 이 회사에는 맞을 수 있으며, 저 네임이 저 회사에 맞을 수 있는 것이다. 하지만 일반적으로 좋은 브랜드 네임의 조건은 기억하기 쉬워야 한다. 이런 면에서 보자면 네임이 짧을수록 소비자가 기억하고 외우기 쉬울지 모른다고 생각한다. 하지만 서술형 문장과 같은 긴 네임도 좋은 네임이 될 수 있다.

'돼지가 고추장에 빠진 날', '김에 밥이 내리는 날', '갈아 만든 배', '우유 속 진짜 딸기 과즙 듬뿍'과 같이 읽기만 해도 어떤 곳인지, 어떤 상품인지 쉽게 알 수 있게 설명해 주는 브랜드 네임들도 소비자들에게 쉽게 다가갈 수 있다.

최근 들어서 제품의 이름들이 길어지고 있다. 제품의 이미지뿐만 아니라 자세한 설명까지 모두 표현하는 브랜드 네임이 등장하기 시작한 것이다. 5, 6년 전만 해도 두서너 글자에 불과했던 상품명이 외환위기 이후부터 조금씩 길어지기 시작, 요즘은 10자 이상 되는 것도 수두룩하다. 현재 시중에 나와 있는 제품 중 이름이 가장 긴 것은 풀무원의 '녹차를 넣어 만든 산뜻한 면과 시원한 동치미 육수가 그대로 들어 있는 풀무원 녹차생냉면(이하 녹차생냉면)'이다. 무려 36자에 달해 한번 읽으려면 두어 번 숨을 골라야 한다. 회사별로 그러한 이름은 유기농식품이 많은 풀무원과 롯데칠성, 남양유업, 매일유업, 한국야쿠르트,

CJ에 비교적 많다.

식품 업체들이 '긴 이름'의 브랜드를 선호하는 것은 이미지와 제품 특성을 한꺼번에 해결할 수 있기 때문이다. 기존 우유에 과즙을 첨가해 고급화한 남양유업의 '우유 속 진짜 딸기 과즙 듬뿍', '우유 속 진짜 바나나 과즙 듬뿍' 등 '진짜 과즙 듬뿍' 시리즈와 '위풍당당 동충하초' 등 건강음료 시리즈의 이름이 긴 편이다. 1998년 '뼈로 가는 칼슘분유' 등 '뼈로 가는' 시리즈를 내놓은 매일유업도 이후 '뼈로 가는 칼슘두유 검은깨'와 '맛있는 우유 속 딸기 과즙', '맛있는 우유 속 바나나 과즙' 등을 내놓고 있다. CJ의 '식물나라 인조이 어 라이스 데이', '내가 만드는 아이스'와 한국야쿠르트의 '헬리코박터 프로젝트 윌'도 그 이름이 꽤 긴 편이다.

서술형 문장의 네임은 소비자들에게 서술형 문장이 표현하는 상황을 머릿속으로 연출하게 한다. 이런 연상작용이 소비자들의 머릿속에 오래 기억될 수 있도록 해주는 것이다. 또한 서술형으로 표현함으로써 그 브랜드가 지닌 특징까지 동시에 설명해 주는 효과를 얻는다. 긴 이름과 짧은 이름, 당신의 선택은 어느 쪽인가.

이름이 좋아야 성공한다

출발은 이름부터다

'호랑이는 죽어서 가죽을 남기고, 사람은 죽어서 이름을 남긴다'
는 말이 있다. 이 말을 이렇게 바꿔보면 어떨까. '호랑이는 죽어서
가죽을 남기고, 브랜드는 개념을 바꾼다?'

요즘 아이들을 보면 머지않아 속담이 이렇게 바뀌지 않을까 하는
생각이 든다. 가족과 함께 차를 타고 광화문을 지나가던 초등학생이
갑자기 이렇게 소리를 질렀다고 한다.

"우와~ 아빠! 저기 메가패스 장군이다."

이순신 장군 동상을 모델로 한 '메가패스'라는 브랜드 광고가 크
게 인기를 끈 후에 나왔던 얘기다. 이런 경우는 또 있었다. 실제로
어느 초등학교 시험에서 '침대의 분류를 고르시오'라는 질문에 많은
학생들이 '가구'가 아닌 '과학'을 선택하는 해프닝이 벌어지기도 했
다. 이때 학생들의 반응이 더 재밌다.

"텔레비전을 보세요. 양복 입은 아저씨가 '침대는 과학입니다' 그
러잖아요."

이순신 장군을 몰라도 메가패스 장군은 알게 만들고, 침대를 가구
가 아닌 과학으로 바꾸어버린 경우처럼 한번 인기를 얻은 브랜드의
경우 소비자의 인식 속에 강하게 각인된다. 그리고 한번 소비자들에

게 각인된 브랜드는 그 이후로도 소비자들의 의식 속에서 작용하면서 소비에 영향을 미친다. 많은 기업들이 브랜드에 좋은 이미지를 형성시키기 위해서 적잖은 시간과 돈을 아낌없이 투자하는 이유도 바로 여기에 있다. 더 많은 사람들이 기억하고, 더 많은 사람들이 갖고 싶도록 만드는 것이 바로 브랜드를 개발하고, 마케팅 작업을 하는 사람들의 소망일 것이다. 제품보다는 이미지로 브랜드가 알려지고 소비자들에게 기억되는 시대가 되면서 제품에 대한 이미지를 어떻게 표현하는가 하는 고민이 새롭게 떠오르기 시작했다. 이 과정에서 가장 중요한 것이 바로 '브랜드 네임'이다. 브랜드 작업을 시작하면서 브랜드 네임에 대한 문제를 먼저 생각해야 하는 것도 이 때문이다. 성공적인 브랜드 네이밍은 절반 이상의 성공을 의미한다고 해도 과언이 아니다.

이름은 이미지를 만든다

당신이 정말 오랜만에 데이트를 하는 날이다. 성격, 몸매, 얼굴이며 머리스타일까지 당신의 이상형과 너무나 일치하는 여성과 만나는 것이다. 그 여성과 처음 만나는 날, 떨리는 마음으로 그녀를 기다리는 당신에게 그녀가 다가왔다.

"안녕하세요. 처음 뵙겠습니다."

"안녕하세요!"

이상형인 그녀를 보는 순간, 너무 마음이 들뜨며 행복감에 젖은 당신. 그녀에게 이름을 물었다.

"정말 반갑습니다. 성함이⋯⋯."

잠시 망설이던 그녀. 얼굴을 약간 붉히며 이렇게 말했다.

"네, 그게⋯⋯ 김복자에요."

"네? 푸푸푸!"

이미지와 너무나 상반된 이름에 그만 자신도 모르게 키득대며 웃어버리고 만 것이다. 잠시 후, 얼굴이 울그락불그락해진 그녀.

"정말 매너 없군요."

이 말 한마디만 남긴 채 자리를 뜨고 말았다.

맞선자리에서 겪었던 후배의 실수담이었다. 만약, 그 아가씨의 이름이 복자가 아니라 희선, 소영과 같은 예쁜 이름이었다면 어떠했을까.

"이름을 듣는 순간, 갑자기 그 여자 분이 집에서 몸빼를 입고 있는 모습이 떠오르잖아요. 웃음을 참을 수가 있어야죠."

삼푸와 향수 냄새를 풍기면서 다가오던 아가씨의 이미지에서 졸지에 몸빼 입은 모습이 떠오르다니 도대체 무슨 조화 속이었는지 모르겠다던 후배의 푸념이었다.

브랜드에서는 이런 경우가 비일비재하다. 제품에 가장 어울리는 이름을 어떻게 지어주느냐 하는 문제가 브랜드 마케팅에서 절반 이상의 비중을 차지한다고 해도 과언이 아니다. 그래서 지금도 브랜드 네이밍 작업실에서는 수많은 복자들이 희선과 소영 사이를 왔다갔다 하고 있다. 주위를 한번 살펴보자. 정말 많은 이름들이 각자의 개성을 드러내며 소비자들을 유혹하는 것을 쉽게 느낄 수 있을 것이다. 스쳐지나가면서 흘낏 봤는데도 기억이 잘 안 나는 브랜드가 있는가 하면, 잠깐 봤는데도 머리에 쏙 들어오는 브랜드도 있다. 그 차이를 만드는 것은 무엇일까. 그것은 네이밍의 비법에 있다. 작은 차이가 큰 차이를 만든다는 광고 카피처럼, 네이밍 역시 아주 작은 어감의 변화에도 큰 차이가 생긴다. 한마디로 제품을 표현해 주는 브랜드 네임의 세계에서 놓치지 말아야 할 것이 바로 '작은 차이'이다.

맞춤법을 무시하라

타미나(탐이 나), 참마시(참 맛이), 누네띠네(눈에 띄네), 마쪼니(맛 좋으니), 모메존(몸에 좋은), 깔끄미(깔끔이), 수프로(숲으로), 조은세상(좋은 세상), 파시통통(팥이 통통), 마니커(많이 커)

초등학교 1학년 받아쓰기 시절부터 고등학교 시절까지 거의 10년 이상 한글을 배워온 한국 사람들에게도 국어라는 것은 항상 어렵게 다가온다. 브랜드 네이밍 작업을 하다 보면 그 어려움은 더 크기만 하다. '탐이 나'라는 말을 '타미나', '참 맛이'를 '참마시' 등으로 바꾼 이유가 무엇일까?

눈치가 빠른 사람이라면 알아차렸겠지만 앞의 말들의 공통점은 발음되는 대로 표기했다는 것이다. '연음화 표기'를 한 것이다. 브랜드 네이밍을 할 때, 가장 기본이 되는 것은 그 브랜드가 얼마나 쉽게 읽히고 기억되느냐 하는 문제이다. 만약 브랜드 네임이 지나치게 어렵다면, '아니, 그거 있잖아. 그, 그걸 어떻게 읽더라' 하며 괴로워하는 사람들이 도처에 생길지도 모른다.

발음하기 쉬운 말로 연음화 표기된 브랜드 네임은 청감에 있어서도 소비자들에게 거부감을 줄여준다. 맞춤법과 다르지만 실제로 생활에서 듣는 것은 바로 발음되는 음이기 때문에 발음되는 대로 표기된 말에 대한 소비자들의 부담감은 실제로 적은 편이다. 매일 듣는 말이 눈앞에서 글자로 표현되는 것이기 때문이다. 비록 맞춤법에는 어긋나지만, 맞춤법에 어긋난 모습을 비교해 보는 사이에 소비자들이 무의식적으로 그 브랜드를 더 잘 기억하는 이중의 효과를 얻기도 한다.

또한 이런 브랜드 네임은 까다롭기만 한 상표법의 등록규제 기준을 잘 피해 가는 하나의 방법이 되기도 한다. 기존의 상표법에서는 지나치게 직접적으로 제품의 성능이나 품질을 암시하는 단어는 상표로서 등록 허가를 해주지 않고 있기 때문이다. 떠먹는 요구르트의 한 브랜드인 '마쪼니'의 경우, '맛 좋으니'라는 이름에서 시작됐다고 한다. 만약 맛이 좋다는 표현인 '맛 좋으니'를 그대로 브랜드 네임으로 사용했더라면 어땠을까. 아마 상표등록 과정에서 바로 퇴짜를 맞았을 것이다. 그리고 마쪼니와 같은 상큼한 청감을 얻기도 힘들었을 것이다. 어린 시절 부모님께 손바닥을 맞아가며 해야 했던 받아쓰기와 맞춤법을 과감히 무시하며, 자유로운 상상의 나래를 펼칠수록 더욱 사랑받는 곳이 바로 브랜드 네이밍의 세계이다.

궁합을 맞춰라

샤론스톤, 마를린 먼로, 코카콜라, 그린자이언트, 모앤모아, 별미별곡

자, 다음 이름들의 공통점은 무엇일까? 잘 생각나지 않는다면, 이렇게 보면 어떨까.

샤론 스톤(Shron Stone), 마를린 먼로(Marilyn Monroe)
코카 콜라(Coca Cola), 그린 자이언트(Green Giant)
모앤모아(Mo&More), 별미별곡

이제 조금 감이 오는가? 그렇다. 앞의 이름들을 보면 공통적으로 같은 음을 반복해서 사용하고 있다는 것을 알 수 있다. 이렇게 동일한 음을 반복하는 표현을 '두음법'이라고 한다. 동일한 음이 반복될 때 소비자들이 이름을 기억하는 비율이 훨씬 높아지는 효과를 얻을

수 있다. 단순히 사람의 이름을 넘어서서 하나의 브랜드로 자리 잡은 마를린 먼로의 경우도, 노마 진 모텐슨(Norma Jean Mortensen)이라는 본명을 사용했더라면 지금처럼 유명한 하나의 브랜드로 자리 잡지 못했을지도 모른다고 평가받기도 한다. 강하고 세련되면서 개성 있는 마를린 먼로라는 이름의 리듬감을 본명에서는 찾기 힘들다는 것이 그 이유이다.

같은 음의 반복은 묘한 통일감을 불러일으켜서 사람들에게 쉽다라는 느낌을 준다. 또한 그 표기에도 시각적으로 통일된 느낌을 준다. 청감에서 가벼운 리듬감을 느끼게 하는 것 역시 두음법을 활용할 때 느낄 수 있는 효과다.

앞을 맞춰서 이렇게 효과를 얻을 수 있다면 반대로 뒤를 맞추는 것은 어떨까? 대답은 '좋다!'이다. 뒤의 음을 통일시켜 주는 것 역시 브랜드 네임 자체에 안정감을 주면서 리듬감을 형성한다. 조이토이 (joy toy), 거버(gerber) 역시 그런 효과를 활용한 예이다. 발랄하고 개성 있는 리듬감을 원한다면 앞을, 안정적인 리듬감을 원한다면 뒤를 통일시켜라.

박자를 살려라

"방가방가."

"몰라몰라."

"부끄부끄."

"시로시로."

인터넷 소설의 인기에 힘입어 대학입학 특전까지 얻은 '귀여니'라는 인터넷 소설가의 이야기가 화제가 되었던 적이 있다. 이 소설가의 책에서도 느낄 수 있지만 요즘 인터넷에서 대화를 나누다 보면 젊은 친구들일수록 더욱더 독특하고 활발한 어투를 사용하고 있다는 생각이 든다. 특히 대화를 나누다 보면 같은 말을 두 번씩 반복해서 사용하는 것을 볼 수 있다. 목소리를 듣거나 얼굴을 보지 못하는 상태에서 컴퓨터 화면에 나타나는 글자에만 의존해서 대화를 나누다 보니 저절로 그렇게 되었다는 얘기도 있지만, 가끔은 젊은 친구들의 이런 무의식적인 감각에 깜짝 놀라곤 한다. 브랜드 네이밍 작업에서 브랜드에 생기를 주고 싶을 때 주로 사용하는 비법이 바로 반복의 비법이다. 광고가 아닌 이상 브랜드 네임은 제품의 포장에 인쇄된 채로 소비자들을 만나는 경우가 대부분이다. 인쇄된 글자만으로 리듬감이나 생동감을 주는 것은 결코 쉬운 일이 아니다. 두음법을 이용하는 것도 리듬감을 살리는 데 좋은 방법이지만 그것보다 더 확실한 방법이 바로 '반복법'이다.

뿌셔뿌셔, 꾸시꾸시, 듀란듀란, 꾸이꾸이, 마이마이, 요요, 틴틴, 플라플라(나플나플을 반대로한 네이밍), 폴리폴리, 미우미우

한번 소리내서 읽어보자. 읽다 보면 저절로 악센트를 넣으며 읽어 간다는 것을 알 수 있다. 같은 말이 두 번 반복되는 표기는 시각적으로 리듬감과 생기를 줄 뿐만 아니라 안정감을 주는 효과 역시 가진다. 과자류나 젊은 층을 대상으로 한 브랜드 중에 이런 반복법을 사용한 브랜드가 많은 이유도 에너지 넘치는 젊은 소비자들의 취향을 자극하기 위해서다.

3을 이용하라

"야~ 한국 사람들은 삼세번이야. 세 번은 해야지"

한국 사람들은 3이라는 숫자를 참 좋아하는 민족이다. 내기를 해도 삼세번을 주장하고, 박수를 쳐도 337박수를 즐긴다. 3이라는 숫자는. 그만큼 한국 사람들에게 친근한 숫자인 것이다. 3이라는 숫자가 한국 사람들에게 친숙한 숫자가 된 이유에는 한국 사람들의 이름에 중요한 원인이 있다. 물론 네 자나 두 자로 된 이름을 가진 사람들도 있긴 하지만 대부분의 한국 사람들이 '노장오'처럼 성 한 글자, 이름 두 글자로 이루어진 석 자의 이름을 가지고 있다. 그래서인지 세 글자의 어감에 대해서 한국인이 가지는 거부감은 외국인들에 비해 현저히 적다고 한다.

브랜드에서도 이런 현상은 그대로 나타난다. 영어로 네이밍을 할 때에도 세 글자의 법칙이 여전히 힘을 발휘한다. 실제로 영문 두 글자로 된 상표는 지나치게 간단하다고 하여 상표등록이 허용되지 않는다. 길게 표현되는 영문은 한눈에 들어오기 어렵고 기억하기도 어렵다. 반대로 쉽게 인지될 것 같은 두 글자의 영문은 너무 짧고 쉬워서 등록이 거부된다. 그래서인지 영어 브랜드도 세 글자의 법칙이 적용되는 경우가 많다.

최근처럼 경기가 어려운 상황에서도 2년 연속 20퍼센트의 매출 신장이라는 기록을 달성하면서 불황을 잘 이겨내고 있는 기업이 있다. 바로 여성 속옷의 대명사로 일컬어지는 '비비안'이다. 비비안의 특징은 친근하면서도 편안하고 사랑스럽다는 이미지이다. 친근하면서도 편안한 느낌을 주는 것이 바로 세 글자의 법칙이 주는 효과다. 게다가 두음법칙을 적절하게 사용함으로써 귀엽고 사랑스러운 이미지를 잘 살리고 있다. 오랜 기간 동안 소비자들에게 꾸준히 사랑받을 수 있었던 것은 제품도 제품이지만, 편안하고 사랑스러운 이미지로 각인시켜 주는 비비안이라는 브랜드 네임의 역할도 크게 작용했던 것이다.

극과 극을 노려라

"가, 가버려! 널 만난 이후로 되는 일이 없어!"
"가, 가버려!"
남자 모델이 여자 모델에게 사정없이 낙엽을 던지며 이렇게 말하는 광고가 있었다. 때로는 '노'라는 말이 다른 어떤 말보다 더 강한 '예스'의 의미를 갖기도 한다. '가, 가버려'라는 말 뒤에는 '가지 마, 너 없으면 안 돼'라는 의미가 포함되어 있을지도 모른다. 그 애절한 느낌을 느낀 소비자들에게 그 광고와 브랜드가 더 애절하게 기억될지도 모를 일이다.

처음 브랜드 네이밍을 할 때, 가장 많이 범했던 실수가 바로 무조건 예쁘게, 무조건 근사하고 뭔가 있어 보이는 이름을 만들어내려고 했던 것이다. 그러나 때로는 미녀보다는 야수가 더 큰 성공을 가져오기도 한다.

놀부 보쌈, 스파크, 드라이, 데드, 미인블랙, 쁘와종

착한 흥부가 운영하는 보쌈집보다 비록 성격은 나쁘지만 먹는 것에 욕심 많았던 놀부가 운영하는 보쌈이 더 맛있을 것 같은 느낌이 드는 것은 억지일까. 역설적인 표현에 대해서 소비자들은 점점 더 거부감을 덜 느끼는데 이것이 최근의 추세이다. 시대가 바뀌면서 소비자들은 마냥 좋기만 한 것, 항상 예쁘기만 한 것을 좋아하지는 않는다. 그래서인지 역설법을 이용한 브랜드의 수도 점점 늘어나고 있다.

세제 브랜드인 스파크의 경우도 그렇다. 불은 물을 만나면 꺼지게 마련이다. 그런데 물 속에서 가장 활발하게 거품을 일으키는 세제에

'스파크', 즉 '불꽃'이라는 이름을 붙인 것이다. 물 속에서도 불꽃을 일으킬 것 같은 강인한 이미지가 연상되지 않는가. 왠지 불꽃을 일으키며 새하얀 빨래를 만들어줄 것 같지 않는가.

여기에 더 노골적인 역설도 있다. 과자 이름인 '미인블랙'도 과자의 색깔을 살려 '미인은 블랙이다'라는 역설을 만들어낸 사례다. 블랙은 식감을 떨어뜨리는 색으로 여겨 식음료, 특히 과자에서는 사용하지 않던 색깔인 데다, 이 제품의 주 타깃인 젊은 여성들이 원하는 미인 이미지에도 맞지 않는다. 그러나 오히려 블랙을 키워드로 사용해 독특한 느낌을 전달하여 단기간에 인지도를 높일 수 있었다. 미국의 한 담배회사에서 '데드(Dead)'라는 브랜드의 담배를 만들어서 시판한 적이 있다. 게다가 담뱃갑의 색깔마저 검정색으로 만들고, 그 위에는 해골마크를 새겨 넣었다. 광고를 하는 과정에서도 '데드 담배를 피우지 말 것'이라는 광고문구를 사용했다고 하니 여간 배짱 있는 행동이 아닐 수 없었다. 그런데 신기하게도 이런 브랜드 전략이 오히려 단기간에 브랜드를 알리는 효과를 가져온 것이다. 역설법을 사용했을 경우 소비자들은 그 브랜드에 대한 강한 이미지를 인지하기 때문에 의도치 않은 홍보 효과를 가져오기도 한다.

새롭게 반죽하라

다음에 산수 식이 있다. 맞는 것을 골라라.

1. 1+1=2

2. 1+1=3

3. 1+1=1

자, 당신은 어떤 것을 고르겠는가. 초등학생이라면 당연히 1번을 고를 것이다. 넌센스의 개념을 알고 있는 중·고등학생이라면 아마 '음, 이 문제에는 분명 어떤 의도가 숨어 있어'라고 생각하며, 어떤 것을 고를지 고민할지도 모른다. 그렇다면 브랜드 네이밍을 하는 사람은 어떨까. 브랜드 네이밍을 하는 사람을 아마 3번을 고를 것이다.

새로운 것은 가장 가까운 곳에서부터 시작하라. 소비자들의 구미를 자각하는 새로운 것을 찾다 보면 오래된 금광처럼 머릿속의 아이디어도 바닥을 드러내기도 한다. 그럴 때 애용하는 방법이 바로 기존의 말들을 조합해서 새로운 말을 만들어내는 것이다.

'어? 기존에 있는 말을 쓰는 건 표절 아니야?'라고 생각할 수도 있다. 하지만 창조는 모방에서부터 시작된다는 말도 있듯이 때로는 기존의 말에서 그것을 능가하는 새로움이 탄생되는 것이 바로 조합의 묘미다.

'푸르지오'라는 아파트 브랜드 네임이 있다. 이 이름이 처음 나왔을 당시 '푸르지요'라는 말의 변형이라는 말이 주를 이루었다. 하지만 사실 이 말은 조합어다. 순 우리말인 '푸르다'라는 말과 '지오

(geo)'라는 영어가 합쳐진 말이다. 깨끗함, 산뜻함, 젊은이라는 뜻의 푸르다라는 말과 공간, 대지라는 말을 뜻하는 지오가 만나면서 깨끗하고 산뜻하고 젊은 공간이라는 뜻의 푸르지오라는 브랜드 네임이 탄생한 것이다. 게다가 얼핏 느껴지는 '푸르지요'라는 말의 느낌에 의해서 친근함까지 붙는 일석이조의 효과까지 함께 얻은 것이다.

'청출어람 청어람'이라는 말이 이곳처럼 잘 어울리는 곳도 없을 것이다. 이렇게 단어를 효과적으로 결합시키는 데는 보통 세 가지 정도의 기준을 사용하곤 한다.

1. 단어를 그냥 그대로 갖다 붙여라.
2. 거추장스럽거나 긴 것은 빼거나 고쳐라.
3. 단어의 접두어와 접미어를 활용하라.

자, 이 기준에 맞추어 작은 실전 연습을 해보자.

SkyLife, 짜파게티, SONY

각각의 기준에 알맞게 네이밍된 브랜드가 한눈에 들어오는가. SkyLife는 말을 그대로 사용한 경우에 속한다. Sky와 Life라는 말이 그대로 합쳐져서 특별한 일상을 나타내고 있다. 알다시피 디지털 위성방송의 브랜드 네임으로, '전파, 위성'이라는 속성을 Sky로 나타내면서 생활에 더욱 친근하고, 또한 생활을 더욱 특별하게(Sky가 주는 이미지) 만들어주는 위성방송이라는 이미지를 전달하고 있다. 이번에는 짜파게티의 경우를 살펴보자. 이 경우는 짜장면과 스파게티라는 두 단어가 합성된 경우다. 짜장면스파게티라고 그냥 붙이기엔 이름도 길 뿐만 아니라 왠지 두 가지 음식 맛이 섞여 있을 것 같은 묘한 느낌을 준다. 그러나 뒷말들을 과감하게 잘라버리고 붙여보면 짧고 기억하기 쉬운 새로운 말이 나온다. SONY의 경우는 접미어를 잘 활용한 경우다. sonus이라는 말은 소리나 음성을 뜻하는 단어인데 여기에다 애칭을 만들 때, 주로 사용하는 'y'라는 철자를 붙여서 SONY라는 말을 탄생시킨 것이다. 소니의 어감이 왠지 귀엽게 들리는 이유도 바로 y의 효과 때문이다. 어떤가. 주변의 단어들이 새롭게 보이지 않는가.

캐릭터를 이용하라

"앙~ 싫어싫어. 피카츄 사줘."

아이를 키우고 있지만 세상에서 가장 난감한 일 중에 하나는 바로 아이가 막무가내로 떼를 쓸 때인 것 같다. 아이를 달래주려고 '알았어. 사줄게'라고 했다가는 아내에게 아이 버릇만 망친다고 핀잔을 듣기 일쑤니, 아이의 버릇과 아이의 눈물 사이에서 항상 고민하게 마련이다. 아이들이 바닥에 주저앉아서 고집을 부리는 데 큰 공헌을 하는 것이 바로 텔레비전 만화에 나오는 캐릭터들이다. 그 캐릭터가 그려진 옷이며, 신발, 학용품, 장난감 등등 아이들의 눈을 사로잡는 이런 브랜드들이 부모의 입장에서는 참 야속하기만 하다.

하지만 브랜드 네이밍에 있어서 이런 캐릭터들은 반대로 아주 효자이기도 하다. 특히 어린이들을 대상으로 하는 브랜드의 경우, 캐릭터의 힘은 상상을 초월한다고 해도 과언이 아니다.

피카추, 스폰지송, 카드캡쳐체리, 미키마우스, 스누피…….

이런 캐릭터들의 이름을 그대로 브랜드 네이밍화해도 아이들에게는 아주 매력적인 브랜드로 바뀌어버린다는 점이다. 세계적으로 널리 알려진 캐릭터의 경우, 저작권자의 승낙을 받거나 그에 상응하는 사용료를 지불해야 하는 어려움이 있지만 캐릭터가 가진 힘을 생각한다면, 캐릭터의 매력을 쉽게 포기하기란 어렵다. 그래서 자체 캐릭터 개발이 업체의 관심사로 떠오르고 있는 것이다. 그러나 캐릭터는 만화에나 있다거나 아이들한테만 통하는 것으로 생각하면 곤란하다. 아시아 스타로 자리 잡은 가수 보아의 캐릭터 상품 브랜드인 '보아라인'이나, 캐릭터 화장품 '캐시캣'처럼 어른을 타깃으로 한 캐릭터도 있으니 말이다.

몇 년 전 크게 인기를 얻었던 '마시마로'의 경우도, 캐릭터 자체가 하나의 브랜드로서 브랜드 파워를 갖는다는 것을 잘 보여준 예이다. 마시마로의 경우, 일본어를 연상시키는 이름 때문에 처음 등장했을 때는 일본 만화에 익숙해져 있는 국내 소비자층에 더욱 쉽게 다가갈 수 있었다. 후에 마시마로라는 말이 마시멜로라는 음식 이름을 변형한 말로 알려져 더 화제가 되기도 했다.

소설, 영화, 만화, 희곡 등 캐릭터를 찾을 수 있는 곳은 무궁무진하다. 캐릭터는 보는 사람들에게 '나도 저렇게 따라하고 싶다'는 마음을 불러일으켜 소비자들의 소비욕구를 더욱 자극하는 힘을 가진다. '효리만큼 예뻐지자'라는 팬카페까지 생길 정도로 큰 인기를 몰면서 작은 장신구 하나까지 유행을 만들어내는 연예인 역시 브랜드 네이밍에서 활용할 수 있는 네이밍의 소스이다. 평범한 실핀에 근사한 이름을 붙여주는 것보다 '이효리 핀'이라는 이름을 붙여 더 잘 팔리게 만드는 일은 캐릭터가 만들어주는 브랜드 네미밍의 힘인 것이다.

경쟁 브랜드와 차별화시켜라

"남들이 모두 no라고 할 때, yes라고 할 수 있는 사람"

이 광고를 기억하는가. 많은 사람들이 등을 돌리고 서 있는 화면에서 유독 한 사람만이 뒤돌아서서 웃으면서 외친다. '네!' 한동안 많은 유사한 유행어와 패러디를 낳으면서 화제가 됐던 이 광고가 보여주는 것은 바로 차별성이다. 브랜드 네이밍을 할 때 가장 먼저 생각하는 것이 차별화다. 워낙 많은 제품들이 새로운 이름들로 치장하고 나오기 때문에 소비자들은 항상 기존의 것들과는 다른 무엇인가를 찾게 마련이다. 네이밍이 차별화되지 못하고 누구나 모방할 수 있다면, 그 브랜드는 얼마 못 가서 사라지고 말 것이다.

대우증권, 굿모닝증권, 현대증권, 삼성증권

다음 이름 중에서 어떤 이름이 가장 쉽게 기억되고 눈에 띄는가. 우리나라 증권사 이름의 경우, 기존의 그룹명을 그대로 사용하는 경우가 대부분이었다. 전혀 새로운 이름을 사용하는 것보다는 기업의 기존 이미지를 활용하는 것이 더 효과적이라는 판단 때문이었다. 증권사에 돈을 맡기는 사람들이 증권사를 선택할 때, 대우, 삼성, 현대라는 기업의 이미지를 믿고 돈을 맡길 것이라는 예측 때문이었고, 기업 이름을 활용한 브랜드 네이밍은 증권업계에서 당연한 듯 받아들여졌다. 그러던 중 쌍용증권이 과감하게 기존의 이름을 버리고, 한글로 된 이름 대신 굿모닝이라는 단어로 새롭게 네이밍을 시도한 것이다.

약간은 무겁고 고루하게 느껴지는 증권사의 분위기 속에서 새롭게 이미지 쇄신을 시도하겠다는 전략은 바로 성공을 거둔다. 매일매일 좋은 아침으로 만들어줄 것만 같은 이미지를 느끼게 하는 젊고 발랄한 느낌의 굿모닝증권이라는 네이밍은 쌍용증권의 이미지를 다른 증권사와 차별화하는 데 성공한다. 이름을 새로 바꾼 후, 쌍용증권은 고객수가 증가하고 고객 예탁금이 늘어나는 효과를 거뒀다고 하니 이름 하나라는 작은 차이가 큰 차이를 만들어낸 결과다.

이밖에도 모나리자의 화장지 브랜드 '잘 풀리는 집', 극동건설의 건설 브랜드인 '극동의 푸른별'처럼 각기 속해 있는 제품 영역에 없던 형식의 네임을 사용, 차별화에 성공한 사례가 있다.

부정적인 연상을 차단시켜라

"인도에서 왼손으로 악수를 청하면 몰매를 맞는다."

"몽골에서는 '예스'라고 말하려면 고개를 설레설레 가로저어라."

각 나라마다 문화와 생활방식, 말이 다르게 마련이다. 네이밍에 있어서도 말로 인해서 뜻하지 않은 해프닝이 일어나기도 한다. 수개월 동안 준비해서 국내에서 좋은 반응을 얻고 있는 브랜드가 해외시장에서 뜻하지 않게 낭패를 보는 경우가 발생하는데 이것도 바로 언어와 문화의 차이 때문에 생기는 문제점들이다.

혼수품으로 가장 인기를 얻고 있다는 삼성전자의 '지펠'의 경우도 해외시장에 진출하면서 전혀 예상치 못한 일로 해프닝을 겪었다. 문제의 원인은 철자 하나였다. 지펠의 첫 브랜드 네임은 'gipfel'이었다. 얼핏 보기에는 아무 문제가 없어 보이는 이 이름이 독일로 가면서 문제가 되어서 돌아왔다. 문제는 독일어의 속어로 'gipfel'이라는 말이 남성의 성기를 뜻한다는 것이다. 만약 삼성에서 처음 네이밍했던 대로 'gipfel'이라는 이름을 붙여서 독일로 수출했다면 그 광고를 본 독일 사람들이 상당히 민망해하는 일이 발생했을지도 모를 일이다. 그래서 삼성은 브랜드 네임을 지금의 이름인 'zipel'로 변형해서 런칭을 시도했다고 한다.

쌍용자동차의 렉스턴은 REX와 tone을 조합한 네임으로 왕의 품격이란 의미이다. 이 브랜드는 언어상의 부정 연상은 없었으나 발음상 '렉스톤'이냐 '렉스턴'이냐로 고민이 많았다고 한다. 렉스톤으로 발음할 경우 '돌'이란 연상으로 무겁게 인식하여 자동차의 속성 중 속력에 부정 연상을 주기 때문이다. 결국 'REXTON'의 마지막 음절을 '턴'으로 발음해 구르는 느낌을 살려 차가 달리는, 유연한 승차감을 연상하도록 했다.

사람의 이름을 지을 때, 한국 사람들은 태어난 날짜와 시간 그리고 사주에다 한자의 획수까지 조합해서 좋은 이름을 지어주려고 노력한다. 그것은 태어난 아기가 평생토록 축복받으며 행복하게 살기를 바라는 부모의 마음을 담기 때문이다. 브랜드 네이밍을 하는 작업 역시 이와 같다. 브랜드에 어떤 이름을 붙여주느냐에 따라서 그 브랜드의 운명이 결정된다. 한 생명체의 운명을 결정하는 심정으로 더 좋은 이름을 지어주려는 네이미스트의 마음을 브랜드는 알까.

숫자도 이름이 된다

88 하면 서울 올림픽이, 2002 하면 전 세계 사람들에게 한국인의

붉은 열정을 강하게 심어줬던 한일 월드컵이 저절로 연상될 것이다. 때로는 말보다 숫자가 더 강한 이미지로 기억되기도 한다.

숫자 자체가 지닌 이미지를 브랜드에 적용시켜서 브랜드의 이미지를 살리는 경우도 많다. 7, 1의 경우가 대표적이라고 할 수 있다. 7의 경우 행운을 암시하는 숫자로서 전 세계 사람들이 모두 좋아하는 숫자일 것이다. 그래서인지 음료, 담배, 편의점에 이르기까지 7이라는 숫자를 이용해서 네이밍을 한 경우가 많다. 마일드세븐, 세븐업, 세븐일레븐, 세븐하이퍼, 세븐컬러 등이 그런 예다. 세븐컬러의 경우, 7분 만에 염색된다는 간편 염색약 브랜드다. 세븐컬러가 7분이라는 염색 시간을 강조한 것도 7이라는 숫자가 지닌 좋은 느낌을 브랜드에 접목시켜 시너지 효과를 얻기 위해서다. 만약 식스컬러였다면 어땠을까. 시간이 1분이나 더 절약되니 바쁜 현대인들이 더 선호하지 않았을까? 한국에서는 모르지만 6이라는 숫자를 악마의 숫자라고 생각하는 서양인들에게 식스컬러라는 브랜드 네임은 부담스럽게 다가갈 것이다.

7 다음으로 많이 사용되는 숫자가 1이다. 1이라는 숫자에서 '하나, 최고, 처음' 이러한 이미지들이 자연스럽게 떠오르지 않는가. 브랜드 네이밍에서도 최고를 상징하는 1의 이미지는 많이 선호된다. 자신의 브랜드를 최고의 브랜드로 만들고 싶은 것은 모든 기업들의 공통된 마음일 테니 말이다. 원츠, 원샷, 원 사이드, 브이원, 원투원, 퍼스트미 등의 네이밍 역시 이런 1의 이미지를 활용한 것이다.

숫자를 사용한 브랜드 네이밍을 할 때 1과 7이라는 숫자를 사용하는 것 이외에도 반복법을 활용하는 예도 많다. 777, 텐텐, 투투, 999처럼 숫자를 반복해서 사용할 경우, 반복을 통해 기억하기 좋게 한다는 시청각적인 효과를 함께 낼 수 있는 장점이 있다.

또한 복잡한 숫자를 이용해 뜻을 담은 브랜드들도 있다. 치약 브랜드인 '2080'은 20개의 치아를 80세까지 가져간다는 의미이고, 성장기 청소년을 타깃으로 한 음료 브랜드 '187168'은 청소년이 가장 원하는 키인 남자 187센티미터, 여자 168센티미터를 그대로 네임화한 것이다.

하지만 이렇게 고생해서 만든 브랜드 네임이 상표등록이 안 된다면 여간 난감한 일이 아닐 수 없다. 숫자만으로 이루어진 브랜드 네임의 경우, 100단위 이상이어야만 등록이 된다는 조건이 있다. 하지만 수를 사용한 브랜드 네임 중에 100단위 이하의 것도 많은데 이건 어떤 이유에서일까. 그러한 상표들을 자세히 보면 숫자 이외에 말을 하나씩 더 달고 있다는 것을 알 수 있다.

마일드세븐의 경우도 세븐이라는 숫자 브랜드만으로는 상표등록이 불가능하다. 하지만 그 기준을 통과하게 만든 것이 바로 마일드라는 단어이다. 마일드라는 말이 붙어 좀더 순한 담배라는 이미지도 심어주면서 상표등록도 무사히 통과할 수 있었던 것이다. 웨이, 모드, 스타, 밴드, 슬림, 톱, 맥스, 라이브, 보이, 선, 시, 아트, 컬러, 웨어, 센스, 하츠 등의 단어를 수 뒤에 연결해서 상표화하기도 하는데,

네이밍 비법 및 사례

네이밍 비법	사례
맞춤법을 무시하라	모메존, 깔끄미, 수프로, 조은세상, 파시통통, 마니커
궁합을 맞춰라	코카콜라(CocaCola), 조이토이(Joy Toy), 모앤모아
박자를 살려라	마이마이, 틴틴, 미우미우, 뿌셔뿌셔
3을 이용하라	비비안
극과 극을 노려라	놀부보쌈, 스파크, 미인블랙, 쁘와종, 데드
새롭게 반죽하라	푸르지오, SkyLife, 짜파게티, SONY
캐릭터를 이용하라	피카추, 마시마로, 보아라인, 캐시캣
경쟁 브랜드와 차별화시켜라	굿모닝증권, 잘 풀리는 집, 극동의 푸른별
부정적인 연상을 차단시켜라	지펠(gipfel → zipel), Rexton(렌스톤 → 렉스턴)
숫자도 이름이 된다	마일드세븐, 2080, 777, 187168

마일드세븐, 투톱, 세븐웨어, 에이트맥스, 투보이 등이 이런 예이다.

이렇게 숫자는 기존의 단어들과는 또 다른 매력을 주면서 상품의 이미지를 표현해 낼 수 있다. 따라서 그 문화에서 선호하는 숫자가 무엇인지, 숫자의 상징적인 의미가 무엇인지를 잘 아는 것이 중요하다. 그 숫자와 가장 잘 어울리는 결합어를 찾아서 새로운 브랜드 네이밍을 만들어내는 것 역시 숫자의 숨겨진 의미를 잘 활용하는 데에서 시작해야 할 것이다.

디자인은 화려할수록 좋다?

'사람은 첫인상이 중요하다.'

사람이 정보를 인식할 때 가장 많이 사용되는 감각은 시각이다. 외모에서 첫인상이 좌우되는 이유도 사람이 어떤 사물이나, 사실을 인식할 때 시각에 가장 많이 의지하기 때문이다. 이것은 브랜드도 마찬가지다. 소비자들의 브랜드 인지 역시 시각에서 시작된다. 심벌이나 로고의 색깔, 서체, 모양 등이 고객의 브랜드 인지에 가장 먼저 이미지를 형성하는 것이다.

인터넷 시대로 접어들면서 입체적인 디자인이 선보이기도 한다. 대우전자는 대우일렉트로닉스로 CI를 변화시키면서 대우전자의 간판이었던 '오리발 심벌'을 과감하게 버리고 새로운 이미지의 로고를 도입한다. 오대양 육대주로 뻗어나가자는 뜻을 담은 이 새로운 심벌에 대해서 기존의 대우 임원들의 반발은 거셌다. 해외 수출이 90퍼센트의 비중을 차지하는 대우전자의 입장에서 해외 인지도를 무시할 수 없었기 때문이다. 하지만 기존 심벌이 전자 업종의 첨단 이미지를 표현하지 못하고, 고객과 대우가 원하는 이미지로 커뮤니케이션하지 못한다면 과감하게 바꿀 필요가 있었다. 이에 기존의 파란색 대신 파격적인 주홍색으로 디자인된 대우일렉트로닉스의 심벌은 인수와 매각이라는 풍랑을 겪었던 대우의 이미지를 새롭게 바꾸며 소비자들에게 새로운 인식을 심어주었다.

물론 고객들의 눈에 띄도록 화려한 색깔과 모양으로 디자인된 로고나 심벌이 모조건 좋은 것은 아니다. 왜냐하면 로고나 심벌도 브랜드 정체성의 일부분으로서 이해되어야 하기 때문이다. 고객에게 전달하고 싶은 브랜드의 이미지가 품격 있고 전통적인 이미지인데, 로고나 심벌을 세련된 현대식 감각으로 디자인한다면 디자인 자체는 좋을지 몰라도 브랜드의 컨셉트를 전달할 수 없다는 단점도 갖는다. 얼굴에 맞지 않은 과도한 화장이 오히려 본연의 미를 사라지게 만드는 것처럼 로고나 심벌의 디자인에서는 브랜드의 이미지와 속성을 잊지 말아야 할 것이다.

잘생긴 브랜드가 성공한다

첫눈에 반하는 사랑이 있다. 반면에 오랜 세월 동안 정들어가며 쌓아가는 사랑이 있다. 첫눈에 반하는 사랑이 이루어질 때, 가장 많은 영향을 주는 것은 외모일 것이다. 사람이 어떤 정보를 기억할 때, 가장 활발하게 움직이며 정보를 수용하는 곳은 시각이다. 대개 정보의 80퍼센트 정도를 시각을 통해서 받아들인다고 하니, 첫눈에 반하는 사랑을 순간적이라고 치부할 수만도 없겠다. 소비자가 브랜드를 만날 때도 마찬가지다. 가장 먼저 고려하는 것은 그 브랜드가 가진 외형적인 모습이다. 그것은 제품 자체의 외형뿐만 아니라, 제품을 감싸고 있는 모든 외형적인 조건을 포함한다. 브랜드 세계에서도 외모 지상주의는 존재한다.

브랜드와 소비자의 만남, 디자인으로 준비하라

브랜드에 있어 디자인이라고 하면 흔히들 CI(Corporate Identity), BI(Brand Identity)를 떠올린다. 그러나 브랜드는 이미지 커뮤니케이션이다. 따라서 CI, BI만 잘 만들어서 될 것이 아니라 소비자가 브랜드를 접하는 모든 상황에서 하나의 컨셉트를 담은 일괄된 디자인을 보여줄 필요가 있다. 가령 파란색 하면 떠오르는 삼성의 로고가 간판에 따라 또는 제품에 따라 빨간색이나 초록색으로 바뀐다면 삼성=파란색=신뢰=대한민국 대표기업 등등으로 이어지는 이미지 고리는 파괴될 것이다.

CI, BI의 일관된 적용뿐 아니라 광고, 스토어, 제품 패키지, 각종 홍보물 등에서도 컨셉트가 분명한 디자인을 통해 일관된 이미지를 전달해야 한다. 푸르지오는 자신만의 푸릇한 자연 이미지를 유지하기 위해 푸르지오 공사장 주위의 펜스마저도 푸른 잎으로 뒤덮으면서 다양한 광고물이 덕지덕지 붙게 마련인 회색 펜스의 개념을 바꾸어놓았다.

소비자와 고객은 당신의 제품을 껍데기부터 보고 판단한다. 광고를 보든지 매장에서든지 제품의 생김새나 컬러 그래픽 등 디자인 요소를 보고 제품이 쓸모 있는지 살 만한지 판단한다. 이제 디자인은 고객 접점에서 구매를 자극하는 중요한 수단이 되고 있다는 것을 기억하자.

비주얼 심벌은 간단하고 확실하게 만들어라

네이밍 이상으로 중요한 작업이 바로, 마크 등과 같은 비주얼 개발이다. 똑같은 이름이라도 초등학교 1학년 아이가 처음으로 자기 공책에 쓴 이름과 컴퓨터로 깨끗하게 출력해 놓은 글씨가 주는 느낌은 하늘과 땅 차이다. 만약 네이밍으로 아무리 세련된 이름을 만들었다고 할지라도 그 이름과 어울리지 않는 심벌이나 로고, 서체가 사용된다면 그 브랜드는 서양인이 한복을 입은 것과 같은 어색한 느낌을 줄 것이다.

또한 사람들마다 그 사람만의 독특한 필체가 있다. 그 필체만 보아도 누구의 글씨인지 알 수 있다. 할인점에 가서 코카콜라를 찾는다고 하자. 아마 주위를 한번 휙 둘러보면 쉽게 코카콜라가 어디에 있는지 눈에 띌 것이다. 패키지 디자인이 그 제품을 대표하기 때문이다. 특히 요즘처럼 수많은 제품들과의 경쟁 속에서 소비자의 머릿속에 살아남기 위해서는 그 제품 컨셉트에 어울리는 차별화된 비주얼 이미지를 만들어내는 것이 경쟁력이다.

비주얼 심벌을 개발할 때 다음의 6가지 요소들을 고려한다.

1. **심벌 마크** : 브랜드를 바라보는 시각, 추구해야 할 이미지를 시각, 기호화한 것

2. **로고 타입** : 브랜드의 명칭이나 약칭들을 디자인한 오리지널 서체

3. **로고 마크** : 심벌 마크와 타입을 일체화하여 디자인한 것

4. **심벌 컬러** : 브랜드의 이미지를 특정 컬러로 표현하여 의도적 · 계획적으로 사용함으로써 강하게 어필하는 디자인 수법

5. **사용 서체** : 심벌 마크, 로고 타입 등의 디자인 요소와 조합하여 성명 주소 등을 표기할 때, 이미지를 통일하기 위해 선정, 사용하는 서체

6. **그래픽 요소** : 포장 디자인, 사인이나 각종 인쇄물 등에 연출을 목적으로 사용되는 선이나 패턴 등의 그래픽 요소

이 6가지 요소 모두에서 공통으로 추구하는 것은 얼마나 편하고 쉽게 소비자들의 눈에 띄고 기억되느냐의 문제이다. 전 세계적으로 맥도날드를 상징하는 노란색 'M'마크를 모르는 사람은 별로 없을 것이다. 간단성과 명료함에다 상징성까지 갖고 있는 이 비주얼 심벌은 '패스트푸드=노란색 M'이라는 연상 이미지를 형성하며, 막강한 브랜드 파워를 구사하고 있다. 맥도날드라는 로고에서 첫 이니셜인 M만을 떼어내 마크화해서 사용하고 있다는 것을 알 수 있다. 이것은 비주얼 심벌의 기본 패턴을 활용한 것으로 많은 기업들이 패턴

을 섞어서 더 높은 효과를 얻고 있다.

대개 4가지 정도의 주요 패턴으로 정리할 수 있다. 한 가지는 로고만을 강조한 비주얼 심벌의 개발이다. 브랜드의 이름을 그대로 비주얼화한 로고는 판독성이 높다. 반면, 경쟁이 심한 시장 환경에서는 개성을 유지하기 어렵다는 단점을 지닌다. 그러나 소니, 존슨앤존슨처럼 로고를 비주얼 심벌로 개발해서 성공한 파워 브랜드도 많다. 전통적인 방법인 만큼 자신감을 느끼게 하거나 구체적인 이미지를 가지고 있는 경우 활용할 수 있는 방법이다. 또한 매체에 상관없이 이미지의 공통성을 유지하기 쉽다는 장점도 있다.

두 번째로는 '로고와 마크의 조합' 패턴이다. 이 방법은 로고만을 사용했을 때의 단순하고 개성이 없다는 단점을 보완할 수 있다. 네임 자체의 변경은 어려우나 브랜드의 이미지를 바꾸고 싶은데 제약을 느끼는 경우에도 활용할 수 있는 방법이다. 가장 자유도가 높은 조합이지만 경쟁 브랜드와의 유사점을 피해야 하며 사용 매뉴얼도 정교하게 다듬을 필요가 있다.

세 번째는 로고의 마크화이다. 이 방법은 단순화를 통한 이미지의 확장 효과를 가져온다. 맥도날드의 M 역시 이 방법을 활용한 것이다. 비교적 새로운 방법이지만 브랜드 네임 자체를 효과적으로 사용할 수 있느냐가 성공의 관건으로 작용한다. 지나치게 단순화시켜 로고화하면 자칫 소비자들이 브랜드 네임 자체를 연상하지 못하는 단점이 발생할 수 있으니 주의해야 한다.

마지막으로는 로고와 패턴 등 그래픽 요인의 여러 가지 조합 방법이 있다. 이 방법은 다양하고 신선하고 개성 있는 표현이 가능하다는 장점을 가지고 있다. 하지만 지나친 그래픽의 의존은 자칫 산만함과 복잡함을 불러일으킬 수 있다. 따라서 지나치게 색채에 의존하는 경향에 빠지지 않도록 주의해야 한다.

비주얼 심벌은 소비자들의 머릿속에 하나의 이미지를 그려 넣는 프리즘과도 같다. 따라서 간단하면서도 확실한 이미지를 만드는 것이 가장 중요하다. 너무 많은 의미를 담으려다 보면, 아무것도 담지 못하는 결과를 가져올 수 있다. 과유불급, 비주얼 심벌을 개발할 때 잊지 않아야 할 것이다.

컬러로 이미지를 확장하라

흑백 텔레비전이 사라지면서 컬러 텔레비전이 처음 등장했을 때, 가장 놀랐던 것은 '세상에 이렇게 다양하고 화려한 색깔들이 존재하는구나'였다. 아무리 좋은 카메라도, 아무리 성능이 좋은 컴퓨터도, 사람의 시각이 인식하는 만큼 많고 다양한 색상과 색감을 표현해 내지 못한다고 한다. 사람은 정보의 80퍼센트를 시각으로 인식한다고 하지 않았던가. 그만큼 시각이 사람의 심리에 미치는 영향은 크다.

'빨간 사과'를 상징으로 내세워서 브랜드 인지에 성공한 비씨카드의 경우 붉은색이 주는 정열, 환희, 사랑이라는 이미지를 적절히 활용한 예이다. 빨간 사과를 들고 '부자되세요', '행복하세요'라고 외치는 말이 설득력을 얻을 수 있었던 것은, 물론 모델과 광고 컨셉트의 매력도 있었겠지만 빨간색이 주는 무의식적인 이미지의 연상 작용 역시 한몫을 한 것이다. 만약 빨간 사과가 아닌 녹색이나 노란색 사과를 들고 있다고 생각해 보자. 어쩐지 힘이 빠지는 느낌이 들진 않는가.

어떤 의미에서 컬러가 지니는 이미지 확장은 국경을 초월하는 공통성이 존재한다고도 할 수 있다. 예를 들어 식품에는 검정색을 메인 컬러로 사용해서는 안 된다, 증권은 빨간색이 효과적이다 등과 같은 이미지들은 국내뿐 아니라, 해외 브랜드에서도 쉽게 찾아볼 수 있다. 따라서 비주얼 심벌을 결정할 때, 색상 선택의 문제까지 신중하게 고려해야 함은 두말할 필요가 없다. 색채의 상징성을 활용한

색채의 상징성을 살린 브랜드

색채	상징 내용	브랜드 예시
빨강	정열, 환희, 사랑, 파워	말보로, 코카콜라, 페라리
주황	쾌적, 기쁨, 따뜻함, 활발함	코닥
노랑	젊음, 희망, 편안함, 느긋함	베네통, 후지필름
파랑	침착함, 성숙, 순수, 청량, 안심	삼성, 니베아, 마일드세븐, 골드만삭스
보라	엄숙, 지혜, 신비	시세이도, 도쿄오페라시티

심벌 컬러의 사례를 살펴보면 다음과 같다.

색채에 대해 소비자들이 가지고 있는 일반적인 이미지가 브랜드의 이미지 형성에 영향을 미치며 브랜드 이미지를 완성시킨다. 하지만 최근 들어 다양성에 대한 사람들의 욕구가 강해지면서, 색채에 대한 소비자의 인식 역시 기존의 틀을 깨는 방식을 선호하기도 한다.

따라서 색채에 대해서는 사전에 철저하고 시뮬레이션을 해볼 필요가 있다. 시범 간판을 설치하거나 매장 진열대에 시범 진열을 하고 소비자의 반응을 살피거나 소비자 조사를 실시하는 방법도 소비자들의 변화된 취향을 미리 점검해 볼 수 있는 방법들이다.

브랜드 아이덴티티를 추가하라

'왠지 느낌이 좋아.'

세상이 돌아가는 속도가 빨라지면서 사람들의 사고 시간과 행동 패턴도 점점 짧아지고 있다. 이런 변화 속에서 소비자들이 브랜드를 선택하고 결정하는 고민의 시간 역시 짧아지고 있다. '첫인상'이나 '첫 이미지'를 강조하고 비주얼 심벌의 중요성을 강조하는 것도 바로 이런 이유에서다. 비주얼 이미지로 호감을 자극했다면 다음 문제는 그 브랜드를 선택하도록 만드는 것이다. 이때 소비자들의 심리를 자극하는 역할을 하는 것이 바로 브랜드 아이덴티티이다.

캐퍼러(Joen Noel Kapferer)는 브랜드 아이덴티티를 "기업이 소비자에게 전달하고자 하는 내용"이라고 정의한다. 즉, '우리는 이렇습니다'라고 소비자들에게 기업이 말하는 자기소개인 것이다. 소비자들의 기억 속에 형성되어 있는 브랜드에 대한 특정 이미지를 '브랜드 이미지'라고 부른다. 이것은 소비자들의 주관에 의해서 한번 걸러진, 소비자 개개인이 브랜드에 대해서 가지고 있는 주관적인 의견인 것이다. 이러한 브랜드 이미지를 좋은 내용으로 구축하기 위해서 브랜드 작업 당시 또는 그 이후, 후속 작업으로 꾸준히 이어지는 것이 바로 브랜드 아이덴티티 작업이다.

많은 기업들이 기업의 이미지를 위해서 많은 돈과 노력을 들여 CI를 구축하려는 이유도 바로 여기에 있다. 정보화 시대를 감성의 시대, 이미지의 시대라고도 한다. 현대의 소비자들은 아름다운 것에서 정보 가치를 발견한다. 소비자는 상품이나 기업에 대한 이미지 자체를 정보가치로서 인식하고 그것을 중요한 판단 기준으로 삼는다. 따라서 긍정적인 브랜드 아이덴티티를 가진 브랜드가 이러한 경쟁에서 유리한 고지를 차지하는 것은 당연한 일이다. 거의 똑같은 디자인과 품질의 제품이 있다고 가정했을 때, 당신은 당신도 모르게 '내가 이미 알고 있는 것, 어디서 들어본 것'을 선택할 것이다.

트렌드를 좇아라

10년 전에 찍은 당신의 사진을 본 적이 있는가. 그 당시 잔뜩 멋을 내고 머리에 힘을 주고 있는 자신의 촌스러운 모습에 놀라거나 웃어본 적이 있을 것이다. 유행에 따라 시대에 따라, 사람들의 호기심을 자극하는 미의 기준은 끊임없이 변화하게 마련이다. 선호하는 색상과 도형의 느낌까지 이런 유행은 민감하게 작용한다. 앞의 그림을 보자. 비주얼 심벌이 시간의 흐름에 따라서 조금씩 변해 가는 모습을 발견할 수 있을 것이다. 시대의 분위기 선호 경향, 즉 트렌드에 따라서 그 외관을 조금씩 바꿔온 것이다. 브랜드 비주얼 심벌과 아이덴티티의 개발 역시 마찬가지다.

단순하게 멋진 디자인만으로는 소비자를 설득할 수 없다. 방금 밥을 먹고 나온 사람에게 음식을 팔기 어려운 것은 당연한 이치이다. 뭔가 자유롭고 새로운 것을 원하는 소비자에게 고전적이고 딱딱한 디자인을 아무리 가져다준들 그들의 마음을 움직일 수는 없을

비주얼 심벌도 시대에 따라 변해 간다(신세계 CI).

것이다.

　최근 경제 상황이 어려워지면서 자유분방한 스타일보다는 실속 있고 내용 중심적이며 기능주의 디자인이 환영받는 추세다. 디자인은 아름다운 것이다. 하지만 그 아름다움의 기준은 항상 변한다는 사실을 잊지 말자.

1. 고객을 규정하라.

2. 브랜드 컨셉트는 날카로울수록 좋다.

3. 사전 점검을 받아라.

4. 브랜드 개발은 상식을 초월해야 한다.

5. 비주얼 이미지를 창출하라.

1. 고객을 규정하라

70대에게 청바지를 판다?

물론 가능한 일이다. 하지만 열대지방에서 냉장고를 파는 일을 마다하고, 굳이 난로를 팔겠다고 뛰어다니는 것처럼 많은 에너지와 시간을 소비하는 일도 없다. 브랜드 개발에 있어서 가장 먼저 고려해야 할 것이 바로 '핵심 고객층의 규정'이다. 말 그대로 누구한테 팔 것인지를 정해야 무엇을 어떻게 팔 것인지가 결정되는 것이다.

고객을 규정지을 때는 되도록 작은 범위에서 시작하는 것이 유리하다. 이후에 브랜드가 안정된 후에 고객층을 넓히는 작업을 시도하더라도, 초기 고객은 압축적이고 좁은 범위에서 핵심 집단을 공략하는 것이 성공의 가능성을 높일 수 있다. 타깃을 설정할 때도, 고객의 라이프스타일을 파악해서 실제적인 구매가 가능한 요소를 선택하는 것이 중요하다. 무조건 숫자가 많은 고객층이 아닌, 질적으로도 보장된 고객층을 선택해야 한다.

20대 초반의 타깃은 게임, 댄스, 여행, 마술 등 다양한 분야의 사회활동으로, 20대 후반에서 30대 이후로는 부나 재산 증식, 가정, 가족 등이 관심의 중심으로 관심 대상이 이동하는 경향을 발견할 수 있다. 따라서 타깃의 요구를 정확하게 파악하여 좁은 타깃을 설정하는 것이 현명한 시작이 될 것이다.

2. 브랜드 컨셉트는 날카로울수록 좋다

일본 사람들은 모방의 천재라고 한다. 모방이라면 남들을 따라하는 것인데 일본의 브랜드가 세계적으로 인정받는 이유는 무엇일까. 그것은 바로 따라하되 그것보다 좀더 좋은 무엇인가를 첨가하기 때문이다. 대부분의 마케팅 담당자들이 빠지는 함정 중의 하나가 '남들과는 다른 나만의 독특한 무엇인가로 브랜드를 만들어야 해'라는 생각이다. 차별화는 중요하다. 하지만 지나친 차별화는 막대한 마케팅 비용만을 소모하는 결과를 가져오기도 한다.

전반적인 시장 분위기를 따라가면서 컨셉트만을 차별화시키는 것이 적은 비용으로 브랜드를 개발할 수 있는 방법이다.

한국 사람치고 정이라는 개념을 모르는 사람은 없을 것이다. 그만큼 정은 일반적으로 따뜻하다. 하지만 독특한 느낌은 없다. 그런데 그것이 250원짜리 초코파이와 만났을 경우에는 어떤가. 250원에 불과한 작은 파이지만 다른 사람에게 나눠주는 정이라는 이미지를 연상시키면서 작은 초코파이 하나가 더 특별하게 느껴지지는 않는가. 컨셉트의 차별화란 아주 작은 핀으로 가슴을 살짝 찌르는 것 같은 진동을 만들어주는 것이다. 날카로운 컨셉트의 힘은 작지만 브랜드를 특별하게 만들어준다.

3. 사전 점검을 받아라

강력 본드로 물건 두 개를 붙여놨는데 그것을 다시 떼어야 한다면 어떨까. 여간 낭패가 아닐 수 없다. 브랜드를 시장에 이미 출시한 상태에서 브랜드를 점검받았는데, 소비자들에게 외면당할 것이라는 예상이 나왔을 경우가 바로 그렇다. 한번 결정된 브랜드를 바꾸는 비용은 브랜드를 새로 개발하는 비용과 맞먹는다. 따라서 브랜드를 개발할 때는 개발 단계에서부터 끊임없이 소비자 조사를 실시해야 한다. 브랜드 네임, 디자인, 컨셉트, 포장에 이르기까지 소비자의 의견을 계속 반영하고 수정하는 과정을 사전에 겪고 난 후에 시장에 브랜드를 내놓아야 한다.

4. 브랜드 개발은 상식을 초월해야 한다

브랜드를 개발할 때 항상 잊지 말아야 할 것이 있다. 바로, '경쟁 브랜드와 구별시켜라'이다. 브랜드 네이밍을 할 때도 좋아한다, 발음하기 편해야 한다 등의 조건을 만족시키다 보면 오히려 참신함이 떨어지는 경우가 생길 수 있다. 이때 효과적인 방법은 바로 경쟁 브랜드와 차별화에 집중하는 것이다. 비교 대상이 있을 때 상식을 초월하는 아이디어가 나오기란 더욱 수월해진다. 경쟁 브랜드가 길다면 짧은 브랜드가 좋고, 경쟁 브랜드가 짧다면 긴 브랜드가 좋다. 우

리 브랜드를 차별화하여 고객의 뇌리 속에 파고들 수만 있다면 그것
이 상식을 위반한다고 해도 좋은 전략이 될 수 있다. 결국 브랜드 개
발은 경쟁사와 다른 컨셉트, 네이밍, 디자인의 싸움이다.

5. 비주얼 이미지를 창출하라

글자가 많은 소설책보다는 만화책에 쉽게 시선이 가는 것이 사실
이다. 사람들은 문자보다는 그림을, 그림보다는 이미지를 쉽게 기
억한다. 따라서 브랜드를 개발할 때도 문자보다는 시각적으로 인식
할 수 있는 이미지나 색감 등을 찾아서 강조해 주어야 한다. 브랜드
에 맞는 디자인 컨셉트로 브랜드 옷을 입혔을 때, 브랜드는 제 역할
을 하도록 완성된다. 엉뚱한 디자인과 로고를 지닌 브랜드는 벌거숭
이 임금님과 다를 바 없다.

5

브랜드를 강화하라

브랜드 체계를 구축한다

나이가 한 살씩 더 들어가면서 세월의 무게만큼 사람에게 붙는 수식어와 이름이 점점 더 늘어간다는 걸 느낀다. 10대에는 '노장오'라는 내 이름 하나와 아들, 친구라는 이름에 불과했는데, 이제는 어느새 내 이름 앞에 아들, 아버지, 친구, 형, 오빠, 변리사, 브랜드 컨설턴트 등과 같은 이름들이 점점 더 늘어만 간다. 사회적으로 인간적으로 관계가 늘어날수록 '나'라는 사람을 정의하고 구분짓는 이름들이 생기는 것은 어쩌면 당연할 것일지도 모른다. 역할에 따라서 하는 일이 많아지고, 그것들을 정의할 수 있는 범위들이 늘어나기 때문이다.

과거 어느 때보다 브랜드에 대한 중요성이 강조되기 시작하면서 브랜드에 대한 개념과 정의들도 나날이 세분화되고 복잡해져 가는 추세다. 특히 이미 시장에서 안정적으로 자리 잡고 있는 브랜드의 경우, 이제는 미래지향적인 관점에서 브랜드를 체계적으로 관리해야 할 필요성이 나타나고 있다.

브랜드 전문 컨설턴트들은 "오늘날의 브랜드는 브랜드를 전략적으로 관리하려는 의도에 맞게 여러 이름으로 불려진다. 따라서 브랜드의 구분 기준은 무엇이며, 또한 그러한 기준에 따라 어떻게 불려지고 있는지를 살펴볼 필요가 있다"고 말한다. 이름에 따라 브랜드를 구분해 분류하는 것을 브랜드의 계층 구조에 따른 구분이라고 한다.

생각해 ● 봅시다

브랜드는 많을수록 좋다?

패밀리 브랜드가 뜨고 있다. 패밀리 브랜드는 한 브랜드로 소비자에게 브랜드의 인지도와 이미지를 높인 이후, 후속 제품을 동일 브랜드로 사용해서 새로운 제품의 시너지 효과를 극대화시키는 브랜드 전략이다. 여러 개의 단일 브랜드에 주력하다 보면 투자 비용과 시간이 만만치 않은데, 주력 브랜드를 선정하고 집중 전략으로 인지도를 높일 경우에 최소의 비용으로 최고의 효과를 얻을 가능성이 높아진다.

'호두마루'를 출시해서 선풍적인 인기를 얻었던 해태제과에서, 이후 '마루 시리즈'로 '체리마루', '마카마루' 등을 연이어 출시하는 것 역시 패밀리 브랜드가 가진 브랜드 파워를 활용하기 위함이다. 마루는 '높음, 최고'를 나타내는 순우리말인데, 마루 시리즈는 월 매출 40억 원 이상의 매출을 기록하면서 이름값을 톡톡히 하고 있다.

하지만 때론 지나치게 많은 브랜드가 브랜드의 신비감을 떨어뜨려 전체적으로 마이너스 효과를 가져오기도 한다. 소비자들은 익숙한 것을 좋아하지만 식상한 것을 거부하는 변덕쟁이들이기 때문이다. 따라서 패밀리 브랜드 전략을 실시할 때, 파워 브랜드로서의 가능성에 대한 점검이 필요하다. 파워 브랜드의 평가 기준은 브랜드 파워, 성장성, 규모에 의해 결정된다.

첫째, 브랜드 파워란 각 지역 시장에서의 점유율이 1위 혹은 2위의 선두 브랜드가 될 가능성이 어느 정도인지에 따라 결정된다. 둘째, 브랜드 성장성이란 현재와 미래 시장에서의 잠재 성장 가능성을 의미한다. 셋째, 브랜드 규모란 현재 수익성이 얼마나 좋은지, 즉 투자 상환 여부가 얼마나 뛰어난지를 의미한다. 이 세 가지 조건을 만족시키는 브랜드를 파워 브랜드로 결정하고 파워 브랜드를 중심으로 패밀리 브랜드 전략을 실시하는 것이다.

하나보다는 둘, 둘보다는 셋의 힘이 강한 법이다. 경기가 어려운 시기일수록 소비자들의 심리는 '안정'을 추구한다. 경기가 어려운 시기에 패밀리 브랜드가 뜨는 이유도 바로 이런 소비자들의 심리 때문인 것이다.

계층 구조를 인식하라

다음 이름들의 차이점을 구분해 보자.

대상, 청정원, 순창, 찰고추장

나열된 순서에 따라서 공통점이 보이는가. 제품이나 서비스의 제공 주체인 기업에서부터 개별 제품에 이르기까지 모든 대상에는 자신만의 이름이 있다. 한 브랜드를 설명할 때에도 그 브랜드가 출시되는 기업의 이름, 그 브랜드군을 표현하는 또 다른 브랜드의 이름, 그 브랜드 자체의 이름, 그 브랜드를 상징적으로 드러내주는 수식어 역할을 하는 이름 등, 정말 많은 이름들이 각각의 의도에 맞게 불려지고 있다.

그렇다면 앞의 브랜드들의 구분 기준에 대한 감이 조금은 오는가. '대상'은 브랜드가 출시되는 기업의 이름이다. '청정원'은 조미료 제품이라는 전체 제품군을 드러내는 브랜드명이다. '순창'은 그 제품의 전체 라인을 드러내는 브랜드명이다. 예를 들어, 전체 양념 중에 고추장과 된장과 같은 발효 양념을 돋보이게 하기 위해서 사용되는 브랜드가 바로 순창이다. 마지막으로, '찰고추장'은 제품 라인에서 더욱 세분화해서 브랜드의 특성을 드러내줄 수 있는 수식어와 같은 역할을 하는 이름이다. 기업 브랜드에서 브랜드 수식어에 이르기까지 각각의 브랜드 네임이 나름의 계층 구조를 형성하는 것이다.

가끔은 하나의 제품에 기업의 이름에서부터 브랜드 수식어까지

브랜드 계층 구조 및 실례

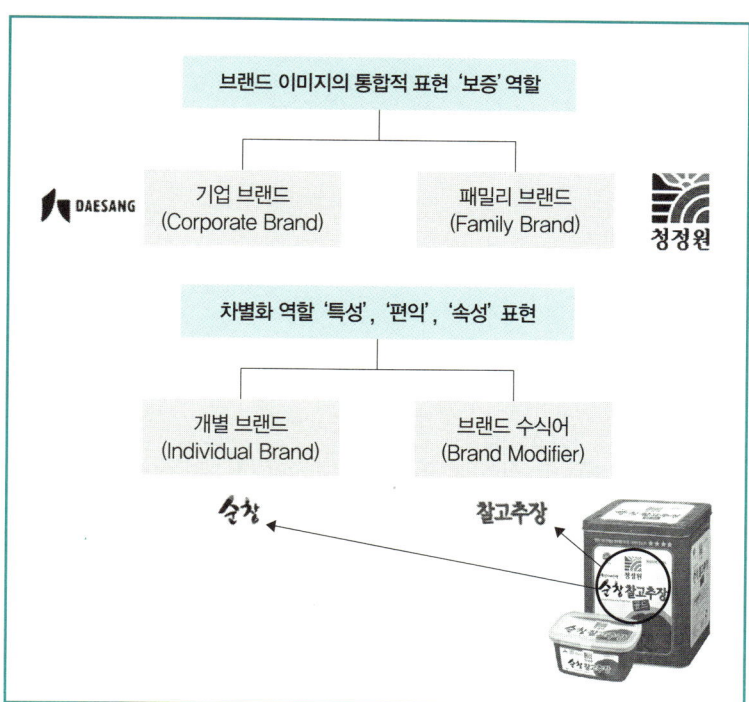

모든 브랜드 네임이 부착되어 있는 경우를 발견하기도 한다. 하지만 그런 경우에도 소비자에게 핵심적으로 드러내고자 하는 브랜드 네임이 가장 크게 표시되어 강조된다. 그리고 나머지 브랜드들은 소비자가 제품을 구매하고 사용한 후에 고객만족과 같은 이후의 경험을 통해 그 이미지가 확고히 되면, 소비자의 다음 선택에서 망설임 없이 선택할 수 있도록 도움을 주는 역할을 한다.

예를 들어 한 소비자가 슈퍼에서 고추장을 구입했다고 하자. 그 소비자가 고추장을 선택한 기준은 제품 표면에 크게 써 있는 '순창'이라는 말 때문이었다. 순창은 원래부터 고추장으로 유명한 지역이 아닌가. 그리고 고추장을 사용한 결과, 소비자는 그 브랜드에 만족했고, 그 과정에서 그 브랜드가 청정원이라는 조미료 브랜드에 포함되어 있다는 것을 알게 되었다. 다음에 고추장뿐만 아니라 다른 제품을 구입할 경우에도 이 소비자는 순창이라는 이름뿐만 아니라 청정원이라는 이름까지 함께 고려할 것이다.

순창이라는 브랜드를 경험하는 과정에서 인지한 청정원이라는 브랜드에 대한 호감은 대상이라는 기업에서 나오는 청정원이라는 제품군에 포함된 다른 브랜드의 호감도까지 올려주는 역할을 한 것이다. 따라서 소비자에게 브랜드를 인지시키려고 할 때, 각 계층 중에서 어떤 부분을 드러내서 강조할 것인지에 대해서 선택하는 것 역시 중요하다.

브랜드 체계의 유의성을 기억하라

브랜드는 살아 움직이는 세포처럼 서로 유기성을 띠고 있다. 브랜드는 고정적이지 않고 불변적이기 때문이다. 나름대로 이러한 브랜드 체계가 잘 세워진 이상적인 유기조직의 회사를 흔히 브랜드력이 강한 회사 내지 이미지가 좋은 회사라고 규정짓는다. 브랜드가 유기적이라는 것을 잘 보여주는 현상으로는 브랜드 전이 현상을 꼽을 수 있다.

브랜드 전이란 수식 브랜드, 개별 브랜드, 패밀리 브랜드, 상호 브랜드가 상호 제품군에 따라서 이전해서 사용되는 현상을 말한다. 일반적으로 하위 브랜드가 상위 브랜드로 이전하는 상향적 브랜드 전이가 가장 많이 발생한다. 예를 들어 '삼성 바이오 냉장고 문단속'이라는 브랜드를 살펴보면, '문단속'이라는 것은 냉장고의 기술적인 특성을 묘사해 주는 수식 브랜드로 작용하는 것을 알 수 있다. 그런데 문단속이라는 수식 브랜드가 어느 정도 식별력을 획득하면서 소비자들의 반응이 긍정적으로 나타나자, 회사에서는 문단속이라는 수식 브랜드가 개별적인 브랜드 역할을 하도록 브랜드를 상향 이동시켰다. 그래서 삼성 문단속 냉장고라는 개별 브랜드로 새롭게 나타난 것이다. 또한 개별 브랜드가 패밀리 브랜드나 상호 브랜드로 발전하는 경우에도 상향적 브랜드 전이 현상이다.

반대로 하향적 브랜드 전이 현상도 있다. 하향적 브랜드 전이는 상위 브랜드가 하위 브랜드로 이전하여 역할을 수행하는 현상이다. 상향적 브랜드 전이가 자연발생적으로 이루어지는 데 반해서 하향적 브랜드 전이는 회사가 의도한 사전 계획에 따라서 발생한다. 전이가 잘못 일어났을 경우에는 상위 브랜드의 이미지까지 훼손될 수 있기 때문에 각별한 주의를 기울여야 한다. 주로 신제품을 런칭할 때, 기존의 브랜드를 하향 전이시켜서 사용한다.

계층 구조에 따라 다르게 관리하라

계층의 상향 브랜드화, 하향 브랜드화 모두 브랜드 관리에 융통성을 기한 방법들이다. 관리 방법 중 가장 표면적으로 드러나는 방법은 제품 표면에 표시되는 브랜드 네임의 표기 방법이다. 순창고추장을 예로 들어보자. 순창고추장이라는 브랜드는 '대상(기업 브랜드)-청정원(제품군, 패밀리 브랜드)-순창(개별 브랜드)-찰고추장(브랜드 수식어)' 등의 계층과 그에 따른 이름을 가지고 있다. 하지만 가장 강조되는 것은 순창이라는 이름이다. 또한 각각의 제품마다 강조되는 브랜드는 달라지게 마련이다. 이렇듯 강조되는 브랜드가 서로 다른 이유는 소비자들이 궁극적으로 브랜드 구매를 통해 얻고자 하는 편익이 무엇인지에 따라 각각의 브랜드 역할이 다르기 때문이다. 다시 말해서, 제품의 특성에 따라 차별화되는 브랜드뿐만 아니라 그 제품이 적용되는 브랜드의 범위도 달라진다는 것이다.

소비자들이 순창고추장이라는 브랜드를 구매하면서 얻고자 하는 것은 '맛있는 고추장'이다. 이때 대상, 청정원, 순창, 찰고추장이라는 네 개의 계층 중에서 맛있는 고추장의 이미지를 가장 잘 부각, 특화시켜 줄 수 있는 것은 바로 순창이라는 브랜드 네임의 연상 효과이다. 따라서 순창이라는 개별 브랜드를 가장 앞에 내세우는 것이며, 이 특성을 더 두드러지게 하기 위해서 찰고추장이라는 브랜드 수식어를 붙여 소비자들의 구미를 자극하는 것이다. 이처럼 제품에 적용되는 브랜드의 범위는 그 특성에 따라 상이하게 작용한다. 따라서 이 제품이 가장 강조해야 할 것이 무엇인가, 또한 이 제품의 브랜드 파워를 높여주는 것은 어떤 것인가를 구별해서 강조할 계층을 선택하는 것이 중요하다.

브랜드는 크게 통합 브랜드와 차별 브랜드로 구분된다. 통합 브랜드는 기업 브랜드와 패밀리 브랜드로, 그리고 차별 브랜드는 개별 브랜드와 브랜드 수식어로 나뉜다. 순창고추장의 경우, 통합 브랜드에 각각, 대상이라는 기업 브랜드와 청정원이라는 패밀리 브랜드, 그리고 차별 브랜드에 각각 순창이라는 개별 브랜드와 찰고추장이라는 브랜드가 있다.

통합 브랜드는 동일한 브랜드 네임이 부착된 여러 가지 제품들의 브랜드 이미지를 통합적으로 표현하기 위하여 소비자에게 제품의 속성, 품질, 그리고 제조원을 동질화시켜 전달함으로써 보증의 기능을 강화시킨다. 순창고추장을 사용하고 청정원이라는 브랜드에 대해서 호감을 가진 소비자가 다른 조미료를 구매할 때, 청정원이라는 사용 여부와 상관없이 청정원이라는 브랜드만으로도 신뢰를 갖고 구매의사를 결정할 수 있도록 만드는 것이 이런 통합 브랜드의 힘이다. 통합 브랜드의 이점은 안전성과 신뢰성의 보증 기능이다. 차별 브랜드는 말 그대로 경쟁사 제품과의 차별화를 위해서 제품의 속성, 특성, 편익, 그리고 등급들을 구체적으로 묘사함으로써 자사 제품의 우월성을 소비자에게 효과적으로 전달하는 기능을 수행하는 브랜드다. 따라서 통합 브랜드보다는 직접적이고, 적극적인 브랜드 네임이 주를 이룬다. 그리고 실제 구매에 영향을 미치는 역할 역시 직접적이다. 통합 브랜드가 신뢰와 안정성에 대한 보증 기능을 갖는다면 차별 브랜드는 그 브랜드만의 독특한 개성과 차별성을 형성하는 기능을 수행한다.

앞으로 브랜드 구분은 더욱 복잡해질 것이다. 소비자들의 다양한 취향들을 만족시키기 위해서는 브랜드의 성격은 점점 더 세분화 · 전문화되고 이에 따라서 많은 이름들이 더불어 생길 것이다. 따라서 이 많은 이름들 속에서 가장 중요하게 생각하고 강조해야 할 것이 무엇인지를 인식하고 행동하는 것이 중요하다. 물을 어느 장소에서 어느 그릇에 담고 사용할지 결정하는 것은 브랜드 마케터의 몫이다.

브랜드 관리는 브랜드 매니저만 한다?

　　브랜드의 모든 기획은 브랜드 매니저에게서 이루어진다. 하지만 브랜드가 브랜드 기획자에 의해서만 만들어지는 것은 아니다. 브랜드는 모든 고객 접점에서 형성된다. 예를 들어 브랜드를 소개하는 홈페이지에서도 브랜드 이미지가 결정된다. 따라서 웹기획자, 웹디자이너도 브랜드를 관리해야 한다.

　　이것이 비단 웹기획자나 웹디자이너에게만 해당되겠는가? 안내데스크의 직원, A/S직원까지 모든 사원들이 회사의 이름이 박힌 명함을 전해 주는 순간, 사원들의 이미지에 의해서도 브랜드의 성격은 변한다. 예를 들어, A기업 사원이 어느 술집에서 술에 만취되어 난동을 부리고 있다. 그 모습을 보던 사람들은 생각할 것이다. 'A기업은 저런 사람들로 구성되어 있구나.'

　　'화재신고는 119, 해충신고는 1119'로 유명한 세스코(Cesco)를 예를 들어보자. 세스코의 높아지는 인지도에 보탬을 하고 있는 것이 바로 세스코 홈페이지의 Q&A게시판이다. 그 Q&A게시판에는 이용자들이 올린 질문에 소비자들을 감동시키는 기발하고 재치 있는 답변이 많기로 유명하다. 어느 여성 고객이 글을 남겼다. "저는 미모가 너무 뛰어나서 남자들의 시선이 따가워요. 피할 수 있는 방법이 없을까요?"라고 하자, 답변은 "늘 행복을 드리는 세스코입니다. 미모라구요? 미모란, 바퀴벌레 뒤쪽 끝에 달린 작은 돌기를 말하는데요. 더듬이처럼 감각기관이라 진동 등으로 위험을 감지하기도 하구요. 어쨌든, 미모를 감추고 싶지 않으시다구요?" Q&A게시판 관리자가 이런 재치 있는 답변을 올리자 인터넷 유머 게시판을 타고 젊은이들 사이에서 소문이 퍼지고 심지어 다음 카페에는 세스코 팬클럽이 생기기도 했다. 이것이 세스코의 브랜드에 미친 영향은 탁월하다고 할 수 있다.

브랜드 매니저는 분명히 중요하다. 자사의 브랜드를 올바른 방향으로 이끌어나가고 관리하는 사람이기 때문이다. 하지만 브랜드 매니저만 중요한 것은 아니다. 그 브랜드에 속해 있는 모든 직원이 중요하다. 모든 직원의 얼굴이, 모습이, 행동이 그 브랜드를 형성하는 데 영향을 미치기 때문이다.

주변과 다른 무언가를 찾는다

'넌 누구냐!'

'올드 보이'라는 영화를 봤다. 영화 보고 난 후, 극장을 걸어나오는 사람들 중 상당 수가 함께 영화를 보러온 사람들에게 이렇게 물으며 장난 치는 모습을 볼 수 있었다. "넌 누구냐!"

누군가 당신에게 장난을 치며 이렇게 묻는다면 어떻게 대답하겠는가. 자신에 대해서 정의하는 일이 생각보다는 쉽지 않을 것이다. 그렇다면 상황을 바꿔보자. 당신 곁에 당신과 가장 친한 사람이 있다.

"그 사람은 누구입니까?"

이 물음에는 어떻게 대답하겠는가. 가장 먼저 무엇이 떠오르는가. 친구에 대해서 무엇을 가장 먼저 떠올리고 설명하겠는가. 성격이 좋다, 나쁘다, 키가 크다, 작다, 머리가 크다 등등의 설명들을 할 수 있을 것이다. 이 말들 앞에 공통적으로 붙는 말이 있다.

(　　　　　　) 성격이 좋다.

(　　　　　　) 성격이 나쁘다.

(　　　　　　) 예쁘다.

어떤가. 공통적으로 떠오르는 말들이 있는가. 물론 정답은 없다. 하지만 이런 말들이 떠오르지는 않는가. '다른 사람에 비해서, 남들보다 뭐뭐하다…….' 우리는 누군가를 설명할 때, 무의식적으로 일반적인 기준이나 다른 사람과 상대방을 비교해서 설명하는 경향이 있다. 남들과 비교했을 때, 다른 무엇이 그 사람을 구별해 주는 기준이 되며, 남들과는 다른 그 차이점이 그 사람을 돋보이게 하고, 독특하게 만들어주기도 한다.

브랜드도 마찬가지다. 소비자들이 어떤 브랜드를 기억하고 선택하는 것은 그 브랜드가 다른 브랜드와 다른 무엇인가를 가지고 있기 때문이다. 남들과는 다른 매력적인 무엇을 어떻게 만들어주느냐에 따라 브랜드가 살기도 하고 죽기도 한다.

'스무 살의 011 TTL'이라는 슬로건을 내걸고, 눈이 아주 크고 무표정한 여자 모델이 토마토로 마구 얻어맞는 광고가 기억나는가. 젊은 층에게 몽환적인 느낌을 주는 모델을 앞세워 어떤 내용인지 쉽게 알 수 없는 독특한 광고 컨셉트로 이 광고와 브랜드는 화제가 되었다.

'난 달라. 이건 달라, 그리고 이걸 사용하는 너도 달라질 거야'라고 최면을 거는 것 같은 독특한 컨셉트로 단기간에 화제를 모으며 브랜드 인지도를 높이는 데, 이 모호한 광고는 큰 공헌을 한 것이다. 이 광고가 인기를 끌 수 있었던 것은 뭔가 다른 새로운 것, 차별화된 것을 원하는 젊은 층의 심리를 잘 파악했기 때문이다. 한편 이런 반응도 있었다. 광고를 본 후 "아니, 저게 뭐여? 아깝게 토마토를 던지고 그러네. 저게 뭐 파는 광고래?" 이렇게 지나치게 이미지 중심적인 광고에 대해서 거부감을 표현하는 소비자의 반응도 있었다. 차별화라는 것이 분명 소비자의 독특하고 싶은 욕구를 자극해서 브랜드의 매력을 한껏 살려주는 마술을 부리는 요소임에는 틀림없다. 하지만 무조건 독특하고 특별하게만 만드는 것이 차별화를 성공시키는 방법은 아니다. 그렇다면 진정한 매력이 될 수 있는 차별화는 어떻게 시작되는 것일까.

차별화가 요구되기 시작한 것은 물건이 많아지면서부터 그 시작을 함께한다. 물건이 많아지면서 소비자는 직접 고르고 선택하고 싶은 욕구가 생겨난 것이다. 우리가 물건을 사러 간다고 가정해 보자. 껌 하나를 사려고 할 때와 자동차를 사려고 할 때에는 마음의 상태부터가 다르다. 차별화는 여기서부터 시작된다. 소비자가 어떤 물건을 어떤 마음으로 고르는지를 제대로 파악하는 것이 올바른 차별화의 시작이다.

관여도와 제품에 따라 차별화를 달리하라

한 부부가 매장에서 작은 다툼을 벌이고 있다. 이 부부가 오늘 사려고 하는 물건은 텔레비전이다.

"뭘 그렇게 고르는 거야. 텔레비전이 화면 크고, 채널 수 많으면 되고, 일단은 튼튼하면 됐지. 얼른 고르고 가자. 청바지도 산다면서……."

남편의 이런 말에 아내가 발끈 한다.

"아니, 그래도 집 안의 전체적인 인테리어도 고려해야지, 한두 푼 하는 것도 아니고 말이야. 기능은 뭐가 있는지, 디자인은 어울리는지, 다른 회사 제품이랑 어떤 점이 다른지 등등 점검해야 할 게 얼마나 많은데……."

당신이 물건을 고른다고 생각해 보자. 가장 먼저 어떤 점을 고려하는가. 가격, 성능, 취향, 주변의 말? 물론 어떤 물건을 사느냐에 따라 그 기준은 달라질 것이다. 앞에서 예로 들었던 부부처럼 텔레비전을 사는 것과 슈퍼마켓에 가서 라면 하나를 살 때의 기준이 다른 것처럼 말이다. 이렇게 물건을 살 때의 소비자 관심 정도를 상품에 대한 소비자의 '제품 관여도'라고 한다. 소비자가 물건을 고를 때, 어떤 부분에 더 신경 쓰는지를 알도록 하는 것이다. 이것을 잘 아는 것이 브랜드 차별화에 좋은 지침이 될 수 있다는 것을 이미 눈치챘을 것이다. 제품의 관여도에 따라 브랜드를 구별할 때, 필요한 것은 다음의 두 가지이다.

1. 제품을 구입할 때 얼마나 신중하게 생각하는가.
   관여도에 따라 : 고관여 vs. 저관여
2. 제품을 구입할 때 이성적인 자료에 의존하는가, 감성적 느낌에 의존하는가 : 이성 vs. 감성

이 두 가지 기준에 따라서 브랜드의 성격이 달라진다. 자, 그럼 실제 브랜드를 가지고 한번 분류해 보자. 자동차, 핸드폰, 샴푸, 맥주 각각의 브랜드에 대해서 당신의 생각과 감성, 이성은 어떻게 작용하는가.

정보적 공간의 제품군 : 자동차(고관여＋이성)

자동차를 구입할 때, 당신의 행동은 어떠한가. 일단은 인터넷에서 많은 자료들을 수집할지도 모른다. 어떤 차가 좋은지 엔진의 성능은 어떤지, 가격대는 어떤지, 안전성은 높은지, 연비는 낮은지 등등 많은 정보를 충분히 분석한 후에 신중하게 결정할 것이다. 빌 게

이츠와 같은 갑부가 아닌 이상, 신중하게 고민 또 고민한 끝에 자신만의 애마를 결정한다. 이렇게 소비자가 어떤 브랜드를 구매하려고 할 때, 제품의 특성, 용도, 효용에 대한 정보에 더 많은 관심을 갖는 제품군을 정보적 공간의 제품군이라고 분류한다. 따라서 정보적 공간에 포함된 제품을 브랜드화할 때는 반드시 정보적인 측면을 강조해야 한다. 제품에 대한 정보적인 내용을 암시하거나 성능을 암시하는 단어를 브랜드 네임으로 쓰는 것도 좋은 방법이다. 이러한 정보적 공간에 속하는 대표적인 제품군으로는 자동차, 집, 고가 가구 등이 있다.

외래어 느낌의 '레간자'라는 브랜드 역시, 來强者(래강자)라는 한자어의 변형에서 온 것이다. 자동차의 새로운 강자가 온다는 느낌을 무의식적으로 심어주려는 의도에서 만들어진 브랜드 네임이다. 그 외에서도 세탁기의 이름으로 '마이더스', 아파트 이름으로 'e-편한세상'이라는 브랜드 네임을 사용하는 것 역시, 성능이나 기능적인 면을 많이 고려하는 정보적 공간의 제품 특성을 살려주려는 노력의 결과다.

정서적 공간의 제품군 : 핸드폰(고관여＋감성)

초등학생들까지 핸드폰을 들고 다니는 요즘, 핸드폰은 이미 단순한 전화기 이상의 의미를 갖기 시작했다고 해도 과언이 아니다. 만약 지금 당신의 머릿속에 '에그, 전화기가 전화만 잘 되면 되지'라고 생각하는 순간 주위를 한번 돌아보자. 당신 손에 들려 있는 묵직한 휴대폰을 보면서 '아니, 저런 원시인이……' 하는 눈으로 당신을 바라보며 카메라 폰으로 당신을 찍는 사람이 있을지도 모른다.

핸드폰을 구입할 때 당신의 소비 패턴은 어떤가. 40~50만 원을 호가하는 고가 제품임에도 불구하고 집이나 차를 살 때와는 그 분위기가 조금은 다를 것이다. 제품의 기능적인 측면만을 따진다면, 분명 A사의 핸드폰이 우수함에도 불구하고, 한눈에 디자인이 마음에 들어버린 B사의 핸드폰을 구입한 적은 없는가.

물건을 구입할 때, 정보적 공간의 제품과 마찬가지로 신경을 많이 쓴다는 점에서는 비슷하지만, 물건을 구입하는 결정적인 순간에는 제품에 대한 느낌을 더욱 중요하게 고려하는 제품들을 정서적 공간에 포함된 브랜드로 분류한다. 이런 제품군에는 화장품이나 보석, 패션의류 등이 대표적이다.

스카이, EVER 등처럼 휴대폰 브랜드들이 기능적인 느낌이 아닌, 감성적인 느낌에 호소하는 브랜드 네임으로 소비자에게 어필하려는 이유도 이런 소비자들의 요구를 만족시키면서 브랜드를 차별화시키기 위한 전략의 하나인 것이다.

습관 형성적 공간의 제품군 : 샴푸(저관여＋이성)

당신이 슈퍼마켓에 샴푸를 사러 갔다. 그런데 그날따라 슈퍼에 당신이 이전에 사용하던 샴푸가 떨어지고 없었다. 당신이라면 어떻게

하겠는가. '에이, 없네. 이번에는 다른 제품이나 한번 사볼까' 하는
결정을 내리지는 않는가. 많은 사람들이 이런 선택을 내릴 것이다.
제품의 값이 비교적 싸고, 일상생활에서 늘 사용하는 일상용품이나
식품의 경우, 브랜드를 꼼꼼하게 비교해서 구입하기보다는 그때그
때 눈에 띄는 제품을 사용하는 경우가 많다. 이런 제품이 포함되어
있는 공간을 습관 형성적 공간이라고 한다. 이런 제품의 경우, 제품
의 특성이나 제품의 성질을 특이하게 표현해서 소비자들의 시선을
끄는 차별화 방법을 많이 사용한다. 머그면, 마니커, 187168, 누네
띠네 등 독특한 이름의 브랜드들이 여기에 포함된다.

FCB그리드 모델에 따른 브랜드 차별화

이성	감성
고관여 **정보적(생각하는 사람) 공간** • 이론 : 경제학 • 제품 : 자동차, 가구 • 브랜드 : 제품 특성 및 효능 암시 • 예 : 공기방울, 바로바로, 엑셀, 　　　그랜저	**정서적(느끼는 사람) 공간** • 이론 : 심리학 • 제품 : 보석, 화장품, 패션의류 • 브랜드 : 자부심 자아내는 감성언어 • 예 : I'm Traditional, IVY sprit, 　　　Trad-Club
습관 형성적(행동인) 공간 • 이론 : 반응이론 • 제품 : 일상용품, 식품 • 브랜드 : 제품 특성의 특이한 표현 • 예 : 머그면, 마니커, 맛보면, 　　　누네띠네 **저관여**	**자아 만족적(모방하는 사람) 공간** • 이론 : 사회학 • 제품 : 담배, 캔디, 음료 • 브랜드 : 기호 내지 만족감 표시 • 예 : 마일드, 라이트, 컴포터블, 　　　후레쉬

자아 만족적 공간의 제품군 : 맥주(저관여＋감성)

"아줌마, 여기 OB맥주 한 병 주세요."

술이면 다 똑같은 술일 텐데 꼭 술집에서 자신이 먹던 술만을 고집하는 사람들을 쉽게 만난다. 비단 술뿐만 아니라 담배, 청량음료와 같은 기호식품의 경우, 자신이 선호하는 것에 대한 예찬론을 펼치는 사람이 있을 정도로 소비자들의 편식기운을 쉽게 느낄 수 있다. 이렇게 특별한 노력 없이 상품을 구매하기는 하지만 개인적인 기호나 감성이 구매 결정에 결정적인 역할을 하는 제품군이 속한 공간을 자아 만족적 공간이라고 한다. 담배, 술, 청량음료가 이 공간의 대표적인 제품군이다. 이런 제품군의 브랜드인 경우, 개인의 기호를 자아내는 브랜드 언어를 사용하는 것이 브랜드 차별화의 포인트다. 하이트프라임, 마일드세븐, 던힐라이트 등과 같이 기존의 브랜드 네임에 프라임, 마일드, 라이트 등처럼 기호를 자극하는 단어 사용 역시 자아 만족적 공간 브랜드를 위한 차별화 전략의 예이다.

차별화는 작은 것에서부터 시작하라

그렇다면 브랜드에 이렇게 이론적인 분류까지 붙이면서 분석하고 연구에 매달리는 이유는 과연 무엇일까. 대답은 간단하다. 소비자가 제품을 구매하도록 하기 위함이다. 브랜드의 차별화가 중요한 이유도 바로 여기에 있다.

네이밍의 3요소는 무엇일까.

1. **의미성** : 일단 뜻이 좋아야 소비자가 관심을 갖는다.
2. **음성성** : 상큼하고 톡톡 튀는 소리에 소비자는 관심을 갖는다.
3. **시각성** : 보기 좋은 것에 소비자는 관심을 갖는다.

이 세 가지가 만족되었을 때, 비로소 남들과는 다른 차별화된 브랜드를 만들 수 있다. '보기에도 튀고 , 듣기에도 기분 좋고, 눈에 잘 들어오는 브랜드'가 바로 차별화된 성공 브랜드다.

'absolute'와 'Absolut'의 차이점은 무엇일까. absolute는 '완전한, 절대적인, 순수한'이라는 뜻의 영어 단어다. 힘 있게 발음되는 이 단어는 강한 청감으로 인해서 저절로 믿음이 가는 듯한 느낌이다. 한 보드카 회사에서 좋은 뜻과 강한 청감을 가진 이 단어로 브랜딩을 하고자 했다. 그런데 한 가지 문제가 있었다. 기존의 보드카가 지닌 '싸구려 술'이라는 인식 때문이었다. 소비자들은 보드카를 구매할 때, 그냥 눈에 띄는 것을 고르는 경향이 있었다. 그래서 남들과 다른 무엇인가를 갖지 않는 한, 후발 주자인 이 업체가 성공하기란 여간 어려운 일이 아닐 수 없었다. 이에 한 가지 아이디어를 낸 것이 바로 'Absolut'로 표기하는 것이었다. 현재 이 보드카는 고급스러운 이미지로 전 세계에서 사랑받고 있다. 무심코 보드카 진열대를 지나던 소비자들이 '어, 저 단어가 약간 이상한데' 하고 한 번 더 병을 쳐다

보았고 이런 과정을 통해서 무의식적으로 앱솔루트라는 브랜드를 인식한 것이다. 사람의 경우, 착각을 일으키는 형상이나 사물에 대해서는 더 쉽게 기억하고 오래 기억하는 특성이 있다고 한다. 이러한 심리학을 브랜드 차별화의 방법으로 잘 활용한 것이다.

실제로 술병 라벨이 표시되지 않은 시바스 리갈의 광고, 라벨의 일부만을 보여주는 네스카페 프레지던트의 광고 등은 소비자들의 이런 인식을 자극하면서 심리적 차별화를 성공시키고 있다. 브랜드 이미지를 구축하는 과정에서의 차별화는 작은 것에서부터 그 해답을 찾아야 한다.

상표등록을 하라

1992년 두산음료와 롯데칠성 사이에는 작은 전쟁이 발생했다. 두산음료가 코카콜라사의 무색탄산 음료인 '스프라이트'를 국내에 들여와 대대적인 광고로 칠성사이다를 공격한 것이다. 이에 롯데칠성은 스프라이트의 제품 개념이 소비자들에게 인식되기 전에 스프라이트와 유사한 연상을 일으키는 브랜드 네임의 '스프린트'라는 방어 브랜드를 재빠르게 출시했다. 그러나 두산음료로부터 부정 경쟁혐의로 재소당하여 패하자 롯데칠성은 브랜드 네임을 '스프린터'로 바꾸어 방어 전략을 계속 펴나갔다. 이러한 노력으로 롯데칠성은 스프라이트의 공격에서부터 자사의 브랜드를 보호할 수 있었다. 스프라이트가 유사 브랜드 네임인 스프린트, 스프린터 등의 브랜드를 상표 등록해 놨더라면 상황이 달라졌을지도 모를 일이다.

하나의 제품이 히트하면 수없이 많은 모방 제품이 등장한다. 모방 제품은 히트 제품의 이미지를 흐리게 만들어 소비자들이 브랜드를 인지하는 데에도 혼란을 준다. 이를 막기 위한 것이 바로 특허제도이다. 브랜드에서는 상표법이 이런 역할을 한다.

롯데와 두산의 경우, 롯데가 오히려 역공으로 모방 브랜드에 대한 방어책을 세워놓지 않은 두산의 허점을 공략했지만, 실제로 한 브랜드의 성공은 바로 다른 모방 브랜드의 공격으로 이어지는 경우가 허다하다. 특허제도는 히트 제품을 개발하기까지 쏟아부은 노력을 보호하기 위한 제도인 셈이다. 특허제도가 없었다면 누구나 쉽게 모방할 수 있기 때문에 고 비용의 투자가 요구되는 신제품 개발 의욕을 상실할 경우가 생길지도 모른다.

브랜드 역시 마찬가지다. 상표법으로 등록상표를 보호하지 않는다면 누구나 유명 브랜드를 모방하여 시장의 유통질서가 무너지고 기업은 자사의 신용을 표시할 수 없을 것이다. 따라서 브랜드 등록을 통해 타인이 모방할 수 없도록 법으로 금지하고 있다. 사실 브랜드 모방은 제품 모방에 비해서 훨씬 쉽게 이루어진다. 따라서 모방을 방지하기 위해서 더욱더 강력하게 상표권자를 보호하는 것이다.

이런 모방을 막기 위한 법적인 보호막을 설치하기 위해서 브랜드의 상표등록 이외에도 할 수 있는 것이 있다. 유사상표를 묶어서 한

꺼번에 등록해 버리는 것이다. 스프라이트라는 상표를 출원할 때, 모방 가능성이 있는 스프린트, 스프린터, 스프라이터 등의 이름도 함께 출원받으면 그 이름에 대한 권리를 독점할 수 있다. 자사 브랜드의 이미지를 손상시킬 우려가 있는 브랜드들을 미리 모두 소장해 버림으로써 유사상표의 등장 가능성을 아예 없애버리는 것이다.

끊임없이 조사하라

'진짜보다 더 진짜 같은 가짜를 잘 만드는 나라.'

'PUMA보다는 PUME, PUNMA가 더 많은 나라.'

대한민국에 대한 이미지 중에 모조품 산업에 대한 이미지도 큰 부분을 차지한다. 속칭 짝퉁이라고 불리는 모방 제품이 대량으로 쉽게 유통되고 있는 게 우리나라의 부끄러운 현실이다.

유명 브랜드에 대한 모방이 법적으로 금지되면서 나온 것이 바로 짝퉁 문화다. 유명 브랜드의 모습과 디자인을 그대로 모방해서 시장에 유통되는 경우도 있지만, 그것보다도 한 수 더 떠서 유명 브랜드를 살짝 변형시키는 경우도 있다. 또한 제품의 포장이나 색채를 비슷하게 모방하여 유명 브랜드의 이미지를 어떻게든 모조품에 심고자 하는 경우도 있다. 이것 모두 짧은 기간 안에 유명 브랜드의 유명세를 등에 업고 브랜드를 팔아보려는 얄팍한 상술에서 비롯된 것이다. 하지만 이런 모조품이 시장에 쏟아지면 브랜드가 지닌 로열티가 희석되어 소비자들이 브랜드의 질을 떨어뜨려서 평가하는 결과를 낳기도 한다. 실제로 고가 브랜드였던 브랜드의 모조품이 보세 시장에 돌기 시작하면서 그 브랜드에 대한 소비자들의 인식이 고가 브랜드에서 중저가 브랜드로 이동하는 결과를 가져오기도 했다.

브랜드 모방의 가장 전형적인 형태는 어미 변형이다.

PUMA → PUMO, PUNA, POMA, PUMMA

또한 여기에 새로운 단어를 결합시키는 방법을 사용하기도 한다.

PUMA POWER, PUMAIAN

유명 브랜드를 가진 기업 측에서는 브랜드 관리 중 모방 브랜드를 막는 것이 가장 큰 과제다. 금전적으로 뿐만 아니라 이미지 손실에 따르는 손해가 크기 때문이다. 따라서 모방을 막는 방법은 꾸준하게 시장조사를 실시해서 모조품이 도는 것을 미연에 방지하는 것뿐이다.

호프 체인점인 '쪼끼쪼끼'의 경우, 매장 내부에 모방 브랜드의 이름들을 열거하면서 자사 브랜드와 혼동하지 말 것을 당부하는 안내판의 설치로 대책을 강구하기도 했다.

제품을 구매할 때 소비자들은 심리적인 영향을 많이 받는다. 소비자는 마케팅 담당자처럼 주의 깊고 세심하게 브랜드를 살펴보지 않는다. 막연한 인상이나 디자인을 보고 구매를 결정하기 때문이다. 1,000명의 구매자 중에 단 한 사람이라도 그런 혼동을 겪는 사람이 있다면, 이미 유사 브랜드에 의해서 브랜드의 이미지가 잠식당하고 있다는 증거다. 은행은 금전에 관한 신용이 있다고 믿기에 누구나 안심하고 돈을 맡긴다. 그래서 은행에서는 단돈 1원이 없어져도 상당한 문제가 된다. 그것은 은행의 특성이 돈에 관한한 신용에 기초한 믿음으로 성립되어 있기 때문이다. 마찬가지로 유명 브랜드 역시 소비자들의 신뢰를 근거로 브랜드의 로열티를 형성해 간다. 따라서 전체 신용도에서 0.1퍼센트밖에 안 되는 단 한 명의 고객이라도 유사 브랜드로 인해 신용에 금이 간다면 그것은 심각한 문제가 아닐 수 없다.

유명 브랜드의 경우, 상표등록 이후에 끊임없이 브랜드에 대한 보호와 관리를 위하여 더 많은 비용과 자원을 투자해야 한다. 브랜드 작업이 어려운 이유는 바로 이런 것 아닐까.

성질표시 상표를 활용하라

'철수야, 놀자.'

'영희야, 학교 가자.'

초등학교 1학년 교과서에 어김없이 실렸던 이 두 문장은 한국 사람들에게 추억과 향수를 불러일으키기에 충분하다. 만약 이런 향수를 갖고 있는 사람이 철수와 영희라는 사람을 우연히 만났다고 해보자. 아마 그 사람은 상대방의 얼굴은 잊는다고 해도 이름만은 결코 잊지 못할 것이다.

철수와 영희처럼 지나치게 일반적이기 때문에 오히려 더욱더 차별화되는 경우가 있다. 브랜드에서도 예외는 아니다. 일반적으로 좋은 브랜드는 소비자가 기억하기 쉽고 의미도 좋으면서 발음하기 편한 것을 말한다. 이런 의미로 볼 때, 사물의 일반 명칭의 경우에는 그 자체만으로도 훌륭한 브랜드의 조건을 갖추고 있는 것이다. 따라서 가장 좋은 브랜드는 제품 이름 그 자체다. 제품 이름은 기억하기도 쉽고 누구나 알고 있기 때문이다.

김치의 브랜드 네임이 '김치'라면, 아마 그 브랜드의 이름을 잊는 사람은 없을 것이다. 하지만 불행하게도 상표법에서는 이런 일반 명칭의 상표등록을 허용하지 않는다. 제품 이름과 일반 명칭을 상표로 등록해 독점권을 허용한다면 혼동이 생길 우려에서다.

반대로 일반 명칭처럼 사용되는 상표도 있다. 제록스, 지프(Jeep), 폴라로이드, 랜드로바 등 브랜드가 널리 인기를 끌고 소비자들에게 대표적인 제품으로 인식되면서 개별 브랜드가 하나의 일반 명사처럼 사용되어 버린 것이다. 이러한 일반 명칭화된 브랜드들은 최초 개발품 내지 새로운 아이디어 상품인 경우가 많다.

그럼 일반 명칭에 대한 상표등록이 불가능한 현 상황에서 남들과 다른 차별화를 드러내기 위해 선호되는 브랜드는 어떤 것이 있을까. 그것은 바로 제품의 성질을 직접 나타내는 성질표시 브랜드다. 세탁기를 세탁기라고 부를 수 없으니 남들보다 더 좋은 세탁기라는 이미지를 연상시킬 수 있는 말을 찾아서 브랜드화하는 것이다. 공기방울, 전자동이라는 말을 앞에 내세운 세탁기들이 등장했던 이유도 이런 성질표시 브랜드의 활용이다. 모든 세탁기마다 공기방울이 일어나고 전자동으로 작동되지만 그것에 대해서 언급하지 않는다면 그것은 그냥 사실에 불과할 뿐이다. 하지만 성질을 살려주는 브랜드의 특징으로 선택되고 표현될 경우, 그 제품을 다른 제품과 차별화시켜주는 효과를 발휘하기 시작한다. 이외에도 성질을 표시하는 단어들로는 슈퍼, 골드, 스페셜, 엑설런트, 베스트, 전자동, 바로바로, 즉석, 건강, 안전 등의 말들이 쓰인다. 이러한 언어를 사용함으로써 소비자들에게 빨리 인식되고, 제품의 질에 대한 신뢰감을 형성하는 효과를 얻는 것이다.

하지만 한 가지 주의해야 할 것은 성질표시 단어 자체는 상표등록이 되지 않는다는 점이다. 성질을 표시하는 단어 역시, 일반 명사와 마찬가지로 일반적인 성격을 띠고 있기 때문이다. 따라서 독점적으로 사용될 수 없다는 단점이 있다. 그리고 성질표시 단어가 일반적인 상황을 설명할 경우에는 다른 사람이 도용해서 브랜드의 이미지를 반감시킬 위험이 크다는 단점도 있다. 하지만 성질표시 브랜드라고 할지라도 기업 상황과 단어의 활용 여부에 따라서 얼마든지 차별화의 도구로서 사용 가능하다.

어떤 브랜드에 대해서 타 기업이 도저히 따라올 수 없을 정도로 브랜드 파워나 시장 장악력을 가진 분야의 제품이나 서비스의 경우, 특히 특허제품의 경우는 성질표시 브랜드를 사용해도 무방하다. 상표 도용의 가능성이 막혀 있기 때문이다. '듀오백'은 10억 원이라는 로열티를 주고 15년간 특허전용 실시권을 사온 브랜드다. 처음 의료용으로 개발되었던 듀오백은 말 그대로 '등받이가 두 개인 의자'라는 성질을 그대로 표현해 주는 상품명을 사용하고 있다. 브랜드 가치가 상승되면서 상품명을 그대로 브랜드명으로 사용해 버린 것이다. 하지만 듀오백은 특허전용 실시권을 사오면서 국내에서 독점적으로 사용이 가능해졌기 때문에 성질표시 브랜드를 그대로 사용할 수 있다. 이런 제품에는 상표등록이 불가능한 성질표시 단어를 브랜드로 사용해도 실제로 도용이 불가능하기 때문에 상표등록과 같은 효과를 얻는다. 특허품이나 획기적인 신제품을 브랜드화할 때 활용할 수 있는 방법이다.

어떤 언어를 브랜드화하더라도 다른 회사에서 모방하는 것은 물리적으로 불가능하다. 즉, 소비자들의 인식 속에 '어, 이거 따라한 거네'라는 이미지가 쉽게 떠오르기 때문이다. 대개 이런 신개발 상품에는 조어 상표를 도입하고 광고를 통해서 대대적으로 알리는 것이 현명하다. 문제는 특허권이 소멸되면서 발생할 수도 있다. 소비자들의 인식 속에 확실하게 자리 잡지 못한다면 특허권의 소멸 시기에 맞춰서 다른 회사에게 시장의 주도권을 허망하게 넘겨주는 경우가 일어나기도 하기 때문이다. 그때를 대비해서 언제까지 살릴 수 있는 등록상표를 보유하는 것이 유리하다.

상품의 라이프 사이클이 짧은 제품의 경우, 구태여 상표등록을 할 필요가 없다. 스낵류와 같은 과자 제품의 경우에는 오히려 성질표시 브랜드의 사용이 훨씬 효과적인 경우가 많다. 상표등록을 위해서는 시간이 소요될 뿐만 아니라 제품의 성질을 직접 암시하는 단어를 피해 가야 하는 제약이 있기 때문에 과자 제품에 맞는 브랜드를 찾기가 더욱 어려워지곤 한다. 따라서 모방할 경쟁 기업이 없거나 업계에서 모방이 금기시된 경우, 상품의 라이프 사이클이 짧은 업종의 경우에는 성질표시 브랜드를 적절히 사용하면 경제적이면서도 효과적인 마케팅을 수행할 수 있다.

기업 상황이나 업종에 따라 상표등록이 필요 없는 성질표시 브랜드로 차별화하는 것도 남들과는 다른 브랜드를 만들어주는 방법이다.

이미지가 필요하다

익숙한 이미지를 만들어라

사람들마다 각자의 이상형은 모두 다르다. 그런데 사람들은 무의식적으로 자신의 모습을 가장 이상적으로 생각하는 경향이 있다. 잘생기고 못생긴 생김새를 떠나서 매일 자신이 바라보는 자신의 이미지를 가장 이상적으로 생각한다. 사랑하는 사람들의 모습이 어딘지 모르게 닮아 있는 이유도 어느 정도 이런 이유와 관계가 있을 것이다. 거울을 통해서 무의식적으로 각인된 자신의 이상적인 이미지와 비슷한 사람을 찾고 그런 사람을 만나면 '이 사람이다'라는 느낌이 저절로 들 것이다. 이렇듯 자신의 모습 속에서 가장 이상적인 상대방의 모습을 찾는 이유는 무엇일까. 바로 익숙함이다. 태어나면서부터 평생을 바라본 자신의 모습이 가장 편안하고 믿음직한 이미지로 각인되어 있기 때문이다. '내 사람'의 이미지는 바로 나에서 시작된다.

브랜드를 만들고 시장에 내놓고 다른 브랜드와 차별화하고, 브랜드를 계속 선호하게 만드는 일련의 모든 작업들이 결국엔 소비자들의 마음속에 '저것을 내 것으로 만들고 싶다'라는 이미지를 심어주기 위해서다. 수많은 브랜드로 가득한 시장 속에서 천생연분처럼 '내 것'을 만들도록 하는 방법 역시, 사람들이 자신의 짝을 만드는 방법과 크게 다르지 않다. 소비자들의 머릿속에 '내 사람'의 이미지를 심어주어서 무의식중에 소비자들에게 '저 브랜드를 사야겠다'는 마음을 자극하는 것이다. 이 자극의 핵심은 바로 익숙함이다. 브랜드 작업의 마무리는 바로 이 익숙한 이미지 만들기에 있다.

광고비와 브랜드 인지도는 비례한다?

광고는 돈이다. 광고를 만드는 것도 돈이고, 광고를 소비자들에게 알리기 위한 것도 돈이다. 광고를 많이 할수록 소비자들에게 쉽게 인식되는 것일까. 대답은 '아니오'이다. 소비자들은 많은 정보 속에서 자신이 필요로 하는 정보만을 주의하고 받아들이기 때문이다. 또한 관심을 기울이고 듣는다 하더라도 선입견을 가지고 자기 나름대로 해석해 버리기 때문에 광고의 본래 목적과는 다른 방향으로 해석되는 결과를 낳기도 한다. 따라서 광고를 많이 해도 브랜드 인지도가 낮은 결과가 발생하기도 한다.

광고 없이 브랜드 인지도를 높이는 경우도 많다. '스타벅스'와 '바디샵'의 경우가 그렇다. 스타벅스는 영화와 문화행사 개최를 통해서 젊은 층을 중심으로 인지도를 높였다. 바디샵은 자연주의라는 이미지를 중심으로 입소문을 통해서 광고 효과를 극대화시켰다. 온라인 경매의 선두주자인 '이베이' 역시, 돈이 많이 드는 광고 대신 유통방식의 개혁을 통해서 소비자들을 사로잡는 방법을 택했다. 이베이는 쌍방향 커뮤니케이션이 가능하다는 가상현실의 인터넷 속성을 이용해서 소비자들의 호응을 이끌어냈다. 이러한 매력으로 소비자들이 이베이의 경매방식을 경험하면 이베이의 단골이 된다는 것이다. 광고로 형성되는 화려한 이미지나 컨텐츠보다는 철저하게 고객 중심으로 신속한 정보와 거래를 제공하는 유통방식 자체만으로 소비자들을 매혹시켰다.

광고는 브랜드의 이미지를 제고시키기 위해서 없어서는 안 될 중요한 부분이다. 그러나 막대한 비용이 드는 광고보다는 때로는 참신한 아이디어 하나가 더 큰 효과를 거두기도 한다. 제2의 광고인 입소문의 효과를 활용해 보는 것은 어떨까.

브랜드 인지도를 높여라

당신이 오랜만에 집에서 커피를 마시려고 했는데 커피가 떨어졌다. 커피를 사기 위해서 근처에 있는 대형 할인마트를 찾아갔다. 마트에 들어가기 전에 당신은 생각한다.

'음, 이번에는 (   )커피를 마셔봐야지.'

할인마트에는 대략 10여 종이 넘는 커피들이 가판대에 정리되어 있었다.

맥심, 테이스터스 초이스, 프렌치 바닐라…….

10여 종이 넘는 브랜드 중에서 당신은 알고 있는 브랜드 서너 개 중에서 잠시 고민할 것이다. 예전에 마셨던 커피의 맛을 상기시켜 보고 가격을 비교한 끝에 한 종류의 브랜드를 선택한다.

누구나 물건을 구입할 때마다 이런 과정을 겪는 경우가 많다. 필요한 물건이 생기면 물건 파는 곳을 찾아간다. 그리고 물건을 파는 곳에서 물건들을 요모조모 비교해 본 후 물건을 산다. 이때, 보통 처음으로 손이 가는 물건들이 있는데 그 이유는 무엇일까. 우리가 경험이나 지식을 통해서 이미 인식하는 브랜드다. 이미 알고 있는 물건과 새로운 물건을 비교해 본 후, 자신에게 필요한 물건을 구입할 것이다.

앞에서는 할인마트에 들어가는 순간부터 이미 머릿속에 자연스럽게 떠오르는 커피 브랜드가 있다고 가정되어 있다. 한 번이라도 사용해 본 경험이 있거나 그렇지 않더라도 이미 브랜드에 대해서 잘 알고 있는 경우라면 물건을 구입할 때, '이걸 사야지' 하고 구체적인 이름이 떠오르는 브랜드가 있다. 이런 브랜드를 '상기 브랜드'라고 한다. 조미료 하면 '미원'이 떠오르는 것처럼 상기 브랜드의 경우, 소비자들의 머릿속에 이미 각인되어 있기 때문에 소비자가 당연한 듯이 물건을 구입할 수 있도록 한다.

브랜드 로열티가 높은 브랜드일수록 상기 브랜드인 경우가 많다. 만약 소비자가 어떤 한 브랜드만 안다고 말하는 비율이 높을 경우, 그 브랜드의 독점 브랜드화까지도 가능하도록 해주는 것이 바로 상기 브랜드의 힘이다. 말 그대로 상기 브랜드가 되는 것은 브랜드 작업을 하는 사람들에게 가장 기쁜 일이다. 그래서 소비자들이 가장 먼저 생각해 내는 브랜드를 '최초 상기 브랜드'라고 부르기도 한다. 말 그대로 머릿속의 톱을 차지하기에 브랜드의 일등이라고 말할 수 있다.

또한 당신이 커피를 사러 가서 10여 개의 커피를 바라볼 때, 그 속에는 이름이 바로 떠오르지 않아도 이미 알고 있는 브랜드들이 있을 것이다. 이렇게 브랜드가 이미 제시된 후, 소비자들이 '이거 알아요'라고 지적하는 브랜드를 '재인 브랜드'라고 한다.

소비자들은 겁쟁이라고도 한다. 자신이 잘 모르는 것에 대한 두려움이 누구보다도 큰 사람들이 바로 소비자들이다. 따라서 자신이 잘 모르는 것에 대해서는 쳐다보지 않으려고 한다. 최초 상기 브랜드일수록 소비자의 구매 확률이 높아지는 것 역시 이 때문이다.

따라서 브랜드 인지의 중요성은 아무리 강조해도 지나치지 않다. 우리가 매일매일 다 소화하기도 힘들 정도의 광고를 보는 것 역시, 수많은 브랜드들이 소비자들의 머릿속에 작은 기억의 조각이라도 심어주고 자신의 브랜드를 선택하도록 하기 위한 노력의 한 방법이다. 하지만 정보가 많아지면 많아질수록 소비자들은 자신에게 이득이 된다고 생각하는 것 이외에는 더더욱 무관심해지는 경향을 보이기곤 한다. 이득이 되는 것만을 기억하려는 것이다. 기업에서 매일 소비자층을 파악하고 소비자 성향을 연구하고 분석하는 이유도 바로, 필요한 것만을 기억하려는 소비자의 심리를 자극해서 소비자 스스로 '앗, 저것은 필요한 정보다'라고 생각하도록 만들기 위해서다.

70대의 노인에게 청바지를 파는 방법과 10대 학생에게 청바지를 파는 방법은 분명히 다를 것이다. 소비자가 다르기 때문이다. 소비자를 어떻게 파악하느냐에 따라서 브랜드를 인지시키는 방식 역시 달라지기 때문에 소비자에 대한 파악과 연구는 브랜드의 이미지를 만들고 인지시키는 작업에서 무엇보다도 중요한 일이다.

개성적인 이미지를 강조하라

톱 브랜드를 만들기 위해서 기업들은 수많은 광고를 한다. 그리고 우리는 아침, 점심, 저녁으로 텔레비전, 신문, 인터넷 그리고 수많은 이벤트에 이르기까지 많은 브랜드 광고들을 본다. 그런데 '아, 그 광고 알지! 근데, 그게 어디 광고더라' 하고, 광고는 기억나는데 브랜드와 기업이 기억나지 않는 경우는 없는가. 이는 광고만 살아남고 정작 중요한 브랜드 인지에서 실패한 경우다. 브랜드 인지라는 것도, 결국 사람의 오감과 기억력에 의해 좌우되는 문제다.

브랜드 이미지란 특정 브랜드가 소비자의 감각기관을 통해 받아 들여지고 해석되는 어떤 의미를 말한다.

소비자들이 브랜드를 기억하는 것은 브랜드 이미지를 기억하는 것이다. 한 브랜드를 기억할 때 제품 자체에 대한 생각뿐만 아니라 그 브랜드를 만든 기업의 이미지, 그리고 다른 경쟁 브랜드와 비교 했을 때 그 브랜드의 장단점 그리고 전반적인 느낌까지, 이성과 감성 모두를 통한 모든 경험들을 하나로 합쳐놓은 느낌을 기억하는 것이다. 결국 그 느낌은 소비자에게 그 브랜드를 정의해 주는 브랜드 이미지가 된다. 소비자의 경험이나 느낌이 저마다 다르듯, 브랜드 이미지에 대한 이미지는 조금씩 차이가 있을 수 있다. 똑같은 사람을 만나도 그 사람에 대한 느낌이 다른 것처럼 말이다. 하지만 그 사람을 하나로 아울러주는 하나의 이미지가 있듯 브랜드에서도 마찬가지다. 소비자들의 감성을 공통으로 아울러주는 브랜드 이미지를 만드는 것이 바로 브랜드를 기억하게 하는 방법이다.

브랜드 이미지의 중요성을 강조했던 데이비드 오길비(David Ogilvy)는 이런 말을 했다.

"이미지는 개성이다."

사람들의 독특한 개성처럼 제품도 자신만의 개성을 가지게 마련이다. 그런 개성을 시장에서 소비자들에게 얼마나 어필하느냐에 따라 성패가 결정된다. 제품의 개성은 브랜드 네임, 포장, 가격, 광고, 스타일, 기업 이미지, 제품의 특성 등에 따라 다르게 형성된다. 제품 자체가 지닌 개성을 살려주는 것이 바로 이미지를 만드는 방법이다.

"아이고, 네가 그러면 그렇지!"

왜 똑같은 실수를 한다 할지라도 평소에 호감을 갖고 있던 사람에게는 관대해지지만 그렇지 않은 사람에게는 이런 말이 먼저 튀어나가는 경험을 한번쯤 해봤을 것이다. 브랜드에 있어서도 이런 감정이 동일하게 적용된다. 브랜드에 대한 기존의 이미지가 나쁘면 아무리 품질이 좋은 제품이라도 소비자는 별 볼일 없는 제품으로 평가해 버리는 경향이 있다. 국산 제품에 대한 소비자들의 인식이 좋아지기 전, '국산보다는 외제가 좋지'라며 무조건 품질면에서는 외국산을 선호하던 시대가 있었다. 이러한 막연한 불신과 믿음 역시 브랜드 이미지에 대한 소비자들의 이러한 심리 때문이다. 브랜드 이미지가 중요한 이유는 바로 여기에 있다.

'두산전자에서 페놀이 유출됐습니다.'

'파스퇴르가 동물 사료용 밀로 이유식을 만들었습니다.'

신문기사에 이렇게 실린 사건들이 있었다. 이 사건들로 인해 두 회사에서 받은 타격은 상당했다. 두산전자의 페놀 유출 사건 때문에 '두산전자면 두산그룹이네. 이거 맥주랑 음료수에도 페놀 들어가 있는 거 아니야?'라는 소비자들의 인식이 퍼지면서 두산그룹에서 만든 OB맥주, 코카콜라의 매출이 급격히 줄어드는 상황이 발생한 것이다. 파스퇴르 역시 기존의 '저온살균으로 좀 비싸도 몸에 좋은 제품을 만드는 회사'라는 이미지에 큰 타격을 받았다. 회사의 고의 는 아니었지만 동물 사료용 밀의 사용으로 이유식 제품이 아닌 유제 품 전체의 매출에 타격을 받았던 것이다.

많은 기업들이 제품 자체의 이미지뿐만 아니라 기업의 이미지를 위해 많은 돈을 투자해서 광고하고, 사회복지 사업을 하는 이유도 바로 여기에 있다. 브랜드의 이미지는 브랜드를 둘러싼 모든 것에서 영향을 받는다. 그리고 이러한 이미지는 강한 확산 효과를 지니고 있어서 기업 이미지가 브랜드 이미지로, 브랜드 이미지가 기업 이미 지로 상호 영향을 미친다. 좋은 브랜드 이미지를 만드는 것 못지않게 부정적인 이미지가 들어오지 못하도록 하는 것이 중요하다. 두산과 파스퇴르의 경우에서도 그랬지만, 한번 들어온 부정적인 이미지를 회복하기 위해서는 많은 시간과 돈이 필요하다. 심지어 원상태로 회복이 불가능한 경우도 발생하곤 한다.

이성보다는 감성적인 요인이 더 발달되어 온 동양 문화에 속한 우리나라의 경우에도 브랜드 이미지에 대한 소비자들의 반응이 더 강하게 나타나는 경우가 많다. 브랜드 이미지에 대한 일관성 유지와 투자가 중요한 것도 이런 이유 때문이다. 브랜드를 기억하는 브랜드 인지가 제품 구입의 기회를 제공하는 최초의 원인이라면, 제품을 구입하고 사용을 반복하는 과정에서 생겨나는 브랜드 이미지는 브랜드의 힘을 만들고, 브랜드 로열티를 만들어 브랜드가 오래도록 사랑받도록 하는 결정적인 요인이 된다.

포지셔닝도 활용하라

"깨끗해요!"

이 말을 들으면 자연스럽게 연상되는 브랜드는? 존슨즈 베이비 로션이다. '존슨즈 베이비 로션'이라는 브랜드는 아기에게도 안심하고 사용할 수 있는 깨끗하고 부드러운 이미지로 소비자들에게 인식되어 왔다. 아기 피부가 연상되는 깨끗하고 부드러운 이미지의 아성을 다른 브랜드들이 침범하는 것은 거의 불가능하다고 해도 과언이 아닐 정도로 확실한 이미지를 가지고 있는데, 이런 경우 '브랜드 포지셔닝이 확고'하다고 말한다.

포지셔닝이란 소비자의 인식 속에 자사의 브랜드 이미지를 확실하게 자리 잡도록 하는 노력을 말한다. 한번 좋은 이미지로 포지셔닝된 브랜드에 대해서는 다른 경쟁 브랜드가 이를 공격하기란 상당히 어렵다. 또한 존슨즈 베이비 로션처럼 어떤 특정한 이미지로 포지셔닝된 브랜드는 이를 이용해서 브랜드 확장까지 할 수 있다는 장점을 가지고 있다. 존슨즈 역시 로션의 이미지를 바탕으로 샴푸, 비누에 이르기까지 많은 브랜드 확장을 시도했고 좋은 결과를 얻고 있다. 브랜드가 소비자에게 어떤 느낌으로 포지셔닝되어 있는가 하는 문제는 단순히 좋은 브랜드 이미지를 창출해서 소비자의 구매를 유도한다는 측면 이상으로 중요하다.

브랜드 포지셔닝은 신제품 개발시 자사 브랜드의 새로운 이미지를 만들기 위해서 사용하거나 기존 제품의 이미지를 강화하기 위해 경쟁 브랜드와 자사 브랜드의 관계 분석하에 자사 브랜드의 상대적 위치를 부여함으로써 특정 연상을 심어가는 수법이다.

결국 포지셔닝은 소비자들이 '아! 이거에는 이 제품이지' 하는 이미지를 만들기 위한 작업이다. 브랜드의 이미지, 포지셔닝 모두 자사 브랜드를 최초 상기 브랜드로 만들기 위한 방법이다.

포지셔닝의 경우, 소비자들이 필요로 하고 요구하는 부분 중에 경쟁사들에 의해서 아직 주장되지 않았거나 무시되었던 속성을 찾아서 강조하는 방법을 많이 사용한다. 세븐업의 경우, 코카콜라와 경쟁하기 위해서 언콜라(콜라가 아니다)라는 이미지를 사용했다. 가장 큰 시장을 차지하는 콜라와 정면대결로 포지셔닝한 결과, 세븐업은 현재 콜라를 대체할 수 있는 식품으로 자리 잡는 데 성공했다.

1. 포지셔닝은 브랜드를 달라 보이게 한다.(차별화)
2. 포지셔닝은 브랜드의 이미지를 강해 보이게 만든다.(이미지 강화)
3. 포지셔닝은 브랜드를 확장할 수 있는 기본을 만들어준다.(브랜드 확장의 기반)

이런 포지셔닝이 일관성 있게 장기간 계속된다면 브랜드의 이미지를 강화시켜 소비자를 유혹할 수 있는 멋진 브랜드의 동반자가 될 것이다.

효과적인 브랜드 개발을 위해서 전반적인 그림을 읽고 계획을 세우는 것에서 안정된 첫 단추를 끼웠다면, 그 다음의 문제는 브랜드에 성격을 부여해 주는 일이다. 브랜드의 성격을 부여하는 일이 바로 브랜드를 차별화시키고, 특화시켜 주는 일이다. 심리적 차별화를 구축하고, 성질을 살리고, 모방을 막으면서, 계층 구조에 따라 강조하고, 이미지를 확고히 하는 일련의 과정 모두가 브랜드에 성격을 부여해 주는 브랜드 만들기의 필수 과정이다.

브랜드 슬로건으로 커뮤니케이션을 차별화하라

'또 하나의 가족'

'우리 강산 푸르게 푸르게'

그 다음에 자연스럽게 떠오르는 브랜드가 있을 것이다. '또 하나의 가족 삼성', '우리 강산 푸르게 푸르게 유한 킴벌리'처럼 슬로건은 브랜드를 꾸며주면서 브랜드를 자연스럽게 연상하도록 만든다.

기업과 소비자는 브랜드가 일으키는 이미지 연상을 통해서 서로 만난다. 브랜드를 통해서 소비자들은 기업의 이미지를 동시에 떠올리는 것이다. 기업이 의도한 브랜드 아이덴티티와 소비자가 인식하고 연상하는 이미지가 일치하면 일치할수록 성공한 브랜드다. 슬로건은 기업이 의도하는 브랜드 아이덴티티를 소비자들에게 친절하게 설명해 주는 역할을 한다. '삼성'이라는 브랜드보다는 '또 하나의 가족 삼성'이라는 말이 더 친근하고 믿음이 가는 것처럼, 슬로건은 그 브랜드의 특성을 설명함과 동시에 소비자들에게 브랜드를 차별화해서 인식할 수 있도록 돕는다.

슬로건은 신규 브랜드나 기존 브랜드가 변경되었을 경우, 이미지 쇄신을 위한 장치로도 많이 활용된다. 제일제당 역시 CJ로 사명을 변경한 후, 생활문화기업이라는 회사의 아이덴티티를 소비자들에게 심어주기 위해서 '즐기세요'라는 말을 슬로건으로 선택했다. 생활의 전반적인 모든 부분들을 즐겁게 할 수 있는 생활문화기업이라는 이미지를 무의식중에 소비자들에게 심어주기 위한 장치인 것이다.

슬로건은 브랜드의 이미지를 상승시킨다. 브랜드와 적절한 슬로건이 만날 경우, 브랜드는 날개를 단 말처럼 더욱 발 빠르게 소비자들의 인식 속으로 파고들 수 있다. 따라서 브랜드를 개발할 경우, 브랜드 컨셉트와 회사가 의도하는 브랜드 아이덴티티를 소비자들에게 보다 쉽게 알려줄 수 있는 슬로건을 같이 개발하는 것이 필요하다. 수식어가 많이 붙은 화려한 말보다는 짧고 명료한 말이 머릿속에 더 잘 기억되는 것처럼 슬로건 역시 짧고 명료하고 임팩트한 것일수록 좋은 것임을 기억하자.

1. 브랜드 체계가 브랜드를 만든다.

2. 중소기업의 경우 상호와 브랜드를 일치시켜라.

3. 브랜드 차별화는 일관성 있게 지속되어야 한다.

4. 네임과 비주얼의 차별화도 한계에 달했다. 브랜드와 소비자를 만나게 하라.

5. 하나의 부정적인 이미지가 브랜드를 망가트린다.

1. 브랜드 체계가 브랜드를 만든다

　모래 위에 쌓은 성은 언젠가는 무너지게 마련이다. 기본 구조가 튼튼하지 않으면 허점이 생기는 것은 당연하다. 아무리 훌륭한 브랜드도 브랜드 체계가 잘못되면 제 역할을 못한다. 브랜드 체계는 단순 명료할수록 좋다. 다다익선이라는 개념이 실패하는 곳이 바로 브랜드다. 상호 브랜드, 패밀리 브랜드, 개별 브랜드가 적절하게 유기적으로 조화를 이루어야 브랜드가 성공할 수 있다. 이때 잊지 말아야 할 것은 각각의 체계들을 활용함에 있어서 그 체계들이 서로의 이미지를 보완하거나 유지되는 방향으로 작용하도록 조정해야 한다. 하나의 이미지로 통합시켜 시너지 효과를 얻을 수 있는 패밀리 브랜드로 여러 개의 개별 브랜드를 통합시키는 것 역시, 마케팅 비용을 줄이면서 거품을 빼는 효과적인 브랜드 체계 구성의 한 방법이다.

2. 중소기업의 경우 상호와 브랜드를 일치시켜라

어딜 가나 대장은 있게 마련이다. 중소기업의 경우, 두세 개의 브랜드를 중심으로 마케팅이 이루어지는 경우가 많다. 이때 상호까지 포함된다면 소비자들에게 서너 개의 브랜드를 인식시켜야 하는 부담감을 주고 만다. 모두를 살리자니 비용이 부담스럽고, 그렇다고 하나만 선택하자니 다른 브랜드들이 아깝다면 일단 방법은 여러 브랜드 중에서 대장격인 브랜드를 택하는 것이다. 그리고 상호까지 포함해서 패밀리 브랜드화하는 것이다. 상호까지 패밀리 브랜드와 이미지를 동일하게 갈 경우, 기업의 이미지까지 함께 구축되어 기업의 브랜드 파워를 높여주는 역할을 동시에 수행해 준다.

3. 브랜드 차별화는 일관성 있게 지속되어야 한다

복잡한 것보다 단순한 것이, 다양한 것보다는 단일한 것이, 그리고 변하는 것보다는 일정한 테마를 유지하는 '일관성의 법칙'이 성공하는 곳이 브랜드 세계. 브랜드의 핵심 광고나 테마, 슬로건이 10년 단위로 두 번 이상 바뀌었다면 그 브랜드는 실패한 브랜드라는 평가를 내린다. 하나의 중심을 바탕으로 이루어지는 '일관성 있는 차별화'야말로 브랜드를 장수하게 만드는 비결이다.

4. 네임과 비주얼의 차별화도 한계에 달했다. 브랜드와 소비자를 만나게 하라

'Be Nice!'

브랜드는 소비자들에게 친절해야 한다. 소비자들이 쉽게 기억하고 좋은 이미지를 갖도록 호감 가는 네임과 모습을 갖추는 것은 기본이다. 소비자들은 이미 이것에 너무나 익숙해져 있고, 이런 다양성들을 당연하게 여긴다. 이런 소비자들을 자극할 수 있는 방법은 바로 소비자들과 직접 만나는 일이다. 일관된 메시지를 이용해서 소비자들이 브랜드와 마주치는 상황 그 자체를 차별화하도록 연출해야 한다. 매장 인테리어나 점원의 옷차림과 태도마저도 브랜드를 차별화시키는 데 매우 중요한 역할을 한다. 이제 브랜드의 진정한 차별화를 위해서는 '상황적 차별화'까지도 고려해야 한다. 시청각뿐만 아니라, 촉각, 후각 등 오감을 만족시켜 줄 수 있는 분위기, 향, 느낌, 인테리어, 음악, 입구의 특징, 점원의 태도 등 모든 상황들이 소비자에게 하나의 일관된 컨셉트와 이미지로 인식될 수 있도록 반복적이고 지속적인 연출이 필요하다.

5. 하나의 부정적인 이미지가 브랜드를 망가트린다

미꾸라지 한 마리가 개울물을 망친다는 말이 있다. 브랜드는 이미지로 말을 한다. 따라서 이미지 그 자체가 브랜드다. 99퍼센트의 긍정적이고 호의적인 이미지를 만들어놨다고 해도 하얀 치마에 까만 먹물이 한 방울 튀는 것처럼 1퍼센트라도 나쁜 이미지가 끼어드는 순간 그 브랜드의 힘은 땅으로 떨어지고 만다. 사람들은 긍정적인 이미지보다는 부정적인 이미지에 더욱 민감하게 반응하고 기억하기 때문이다. 백 번 잘하다가도 한 번 실수하면 계속 욕을 먹는 것이 바로 브랜드라고 농담하기도 하는 이유는 바로 이 때문이다.

만약, 본의 아니게 부정적인 이미지가 발생했다면 해결책은 정면 승부다. 소비자들은 솔직한 브랜드에 대해 관대하다. 더 좋은 것을 내놓는 것보다는 '기존의 것이 이러이러해서 잘못된 것이었습니다. 고쳐서 더욱 새롭게 바꿔나가겠습니다'라고 앞에서 솔직하게 말하는 것에 더 관대한 것이다. 브랜드의 이미지는 작은 줄을 타는 것과도 같다. 따라서 이 끈이 끊어지거나 늘어지지 않도록 끊임없이 점검하는 것이 필요하다.

part 3

100년 가는 브랜드, 이렇게 만든다

6

브랜드 자산을 구축하라

변하지 않는 브랜드 팬을 만들자

예전의 조용필 세대나 요즘 세대나 스타에 대한 열정적인 사랑은 변함이 없나 보다. 오빠부대 시절에서부터 요즘 말하는 '짱'들의 팬까지 시대가 변하고 그 이름이 바뀌어도 변하지 않는 것이 팬이라는 존재다.

성공하는 브랜드와 떼어놓을 수 없는 것이 바로 브랜드의 팬이며, 오빠부대의 형성이다. 오빠부대가 형성시켜 주는 브랜드 로열티야말로 브랜드 파워를 키워 브랜드를 장수시키는 가장 중요한 비법이다. 자, 다음 중에 브랜드의 오빠부대를 형성하는 데 영향을 미치는 요인은 어떤 것이 있을까.

나이, 성격, 가족, 인종, 직업, 문화, 태도, 인지도

정답은 모두 다이다. 소비자가 한 브랜드를 처음부터 끝까지 한결같이 선호하는 것은 사람이 사랑에 빠지는 일과도 참 비슷한 것 같다. 처음 만나 이성과 쉽게 사랑에 빠질 수는 있다. 하지만 사랑이 오래도록 지속되고 결혼까지 이르려면, 두 사람의 나이, 직업, 성격과 같은 개인적인 요인과 서로에 대한 인지, 태도, 행동과 같은 심리적인 요인, 그리고 가족과 동료와 같은 사회문화적인 요인까지 모두 일치해야 하지 않던가. 결국 마음도 맞고 주변 환경도 맞고, 특성도 비슷해야 오래갈 수 있다는 말이다. 브랜드와 오빠부대와의 관계도 크게 다르지 않다. 사랑에도 여러 가지 종류가 있듯, 브랜드 로열티를 형성하는 오빠부대도 다양한 모습을 보여준다.

오빠부대의 성질을 파악하라

'말할 필요도 없어요. 당연히 이거죠.'
'이거 좋아요. 한번 써보세요.'
'써보니까 괜찮아서 그냥 써요.'
'그날 마침 좋아보이던걸요.'

브랜드 로열티의 정도는 위의 네 가지의 말로 정리할 수 있다. 지

금 당신 주위에 있는 물건을 두 개만 골라보자. 각각의 물건에 대해서 앞의 네 가지 답변 중에 어떤 생각이 떠오르는가? 첫 번째의 대답으로 갈수록 그 브랜드에 대한 당신의 충성도가 높은 것이다. 정말 좋아서 꼭 이 브랜드만 사는 제품이 있는가? 그렇다면 당신은 당신도 모르는 사이에 이미 브랜드 오빠부대의 역할을 톡톡히 하고 있는 것이다.

생각해 봅시다

브랜드는 마케팅을 통해서만 만들어진다?

아직까지 브랜드를 관리하는 기업이 적지만 그나마 관리를 하는 기업에서도 주로 마케팅팀이 담당한다. 일반적으로 브랜드 이미지가 제품, 가격, 유통, 촉진 활동을 통해서만 이루어진다고 생각하는 경향이 강하다. 하지만 마케팅(4Ps)만이 전부는 아니다.

브랜드는 소비자의 입장에서 형성된다. 따라서 브랜드가 만들어지는 것은 소비자가 그 브랜드를 접하는 모든 채널과 접점에서 이루어진다. 예를 들면,

삼성 제품을 구입한 소비자가 제품을 사용하다 고장이 났다고 하자. 이 소비자가 A/S센터에 방문했을 때 A/S직원이 불친절하게 소비자를 대한다면 품질에 만족하던 소비자도 삼성에 대해서 불만을 가지기 시작할 것이다. 지나가다가 찢어진 리바이스 청바지를 입은 불량배들을 만났다고 생각해 보자. 그 소비자는 어쩌면 불량배가 입는 청바지로 리바이스 청바지를 기억할지도 모른다.

다시 레인콤의 사례를 들어보겠다. 레인콤은 MP3플레이어 부분에서 세계 시장과 국내 시장에서 점유율 1위의 업체다. 하지만 TV광고를 시작한 것은 불과 2개월 안팎의 일이다. 잡지나 지하철 광고를 하기는 했지만 크게 비중이 있었던 것도 아니다. 그럼 레인콤의 '아이리버'가 시장에서 1위를 차지하고 탄탄한 브랜드로 성장할 수 있었던 원인은 무엇이었을까? 핵심은 바로 레인콤의 고객지향적인 문화에 있다. 레인콤은 중소기업으로서 문제가 될 수밖에 없는 A/S망을 극복하기 위해서 무료 택배 서비스를 통해서 A/S를 강행했으며 '아이리버 서포터'를 모집, 불편한 점과 새로운 아이디어 등 고객의 의견을 바로바로 제품에 적용해 나갔다. A/S센터에 찾아온 60대 할아버지에게 두 시간 동안 사용법을 설명해 주고 나서 울어버린 여직원의 일화는 사내에 널리 퍼진 고객지향의 마인드를 상징적으로 보여준다.

다른 사례로는 미샤를 들 수 있다. 요즘 파격적인 가격으로 초저가 화장품 시장을 공략, 성공하고 있는 미샤의 근원지는 뷰티넷(beautynet.co.kr)이라는 화장품 사이트였다. 뷰티넷의 회원들에게 커뮤니티, 품평 등 사이트의 각종 활동을 통해 포인트를 쌓고 그 포인트를 이용해 화장품을 살 수 있도록 했다. 업계 최초로 한 개를 사더라도 '배송료 무료'를 내걸었다. 당시엔 제품이 낱개로 포장돼 배송이 이뤄졌다. 그런데 보통은 한 개씩 사는 소비자보다 몇 개씩 한 꺼번에 구입하는 소비자들이 많다. 구입한 제품들이 한 개씩 배달돼 오자 한 꺼번에 배달해 달라는 요구사항이 접수됐다. 그러자 배송 시스템도 고객의 요구에 맞게 발전했다. 미샤의 성장은 소비자들의 요구사항을 반영하는 과정이었다.

브랜드는 단순히 마케팅 활동에서만 이루어지는 것이 아니다. 브랜드는 소비자가 해당 브랜드를 접하고 경험하는 모든 채널과 접점에서 형성된다. 그렇기 때문에 브랜드의 넓은 정의가 '기업 활동의 총합'이라고 내려졌을지도 모른다. 우리는 브랜드를 단순히 마케팅 차원으로 제한시켜서 생각하는 습관부터 없애야 한다.

'말할 필요도 없어요. 당연히 이거죠' : 헌신적 구매자

만약 이런 마음이 저절로 생기는 제품이 있다면 당신은 그 브랜드에 대해서 아주 강력한 브랜드 로열티를 보여주는 것이다. 특정 브랜드를 계속 선호하면서, '이게 진짜로 좋은 거야. 아직까지 그것도 모르고 뭐했니, 이런 종류의 제품을 살 때는 꼭 이 브랜드로 사'라고 주위 사람들에게 강권할 정도의 사람들이 주변에 몇 명은 있을 것이다. 어떤 브랜드에 대해서 아주 강한 믿음을 보여주는 구매자를 헌신적인 구매자라고 한다. 기업이나 마케터들이 가장 사랑할 수밖에 없는 소비자들이다. 최근 들어 생기는 브랜드 동호회나 인터넷 모임들도 이런 헌신적인 소비자들의 활동 결과다.

'애니콜 아니면 못 써.'

휴대폰 시장에서 애니콜은 이런 헌신적인 소비자들이 많은 소위 인기 짱인 브랜드로 꼽힌다. 휴대전화 시장에서 애니콜은 이 휴대폰만을 사용하는 사람들이 모임을 만들어서 활동할 만큼 마니아층이 형성되어 있다. 이들이 벌이는 휴대폰 사랑과 자랑이 어느 광고 못지않게 효과적인 홍보가 되는 것은 당연한 일이다. 최근 들어 기업에서도 다양한 이벤트를 통해서 이런 헌신적인 구매자들을 잡기 위한 노력을 하는 것 역시 헌신적인 구매자들의 입심홍보의 힘을 알고 있기 때문이다.

'이거 좋아요. 한번 써보세요' : 호의적 소비자

헌신적인 소비자가 다른 사람에게도 '이거 꼭 사야 해'라고 강권할 정도로 특정 브랜드에 대해서 애착을 보이는 층이라면, 호의적인 소비자는 그보다는 조금 부드러운 호의를 보이는 층을 말한다. 이 소비자층은 자신이 물건을 구매하고 남에게 선물할 때, 추천하는 정도의 행동력을 보여준다. 그러나 마케팅에 따라서 마음을 바꾸기도 하기 때문에 기업에서 많은 정성을 기울이는 소비자층이다. 호의적인 소비자층을 어떻게 사로잡느냐에 따라서 헌신적인 구매자로 갈 수도, 브랜드를 외면할 수도 있기 때문에 호의적인 소비자층의 비위를 맞추고자 많은 노력을 하는 것이다.

취향이나 성향이 아직 안정되지 않은 젊은 호의적 소비자층을 사로잡기 위해서 '쌈지 페스티벌, 쌈지 스페이스' 등의 대대적인 문화 마케팅 기법을 활용해서 청소년과 대학생층을 헌신적인 소비자로 만들었던 쌈지의 경우도 호의적인 소비자층의 취향을 잘 파악하고 행동한 예이다.

'써보니까 괜찮아서 그냥 써요' : 습관적 구매자

미지근한 태도로 마케터들의 애간장을 가장 많이 태우는 소비자층이 바로 습관적인 구매자들이다. 이 구매자층에는 바쁜 사람들이 많다는 점이 특징이다. 어떤 브랜드를 사용하는 이유에 대해서 물어보면 이렇게 대답하는 경향을 보인다.

'아, 그거요. 다른 걸로 바꾸려면 알아보고 찾아다녀야 하는데, 시간도 들고 돈도 그렇고…… 그냥 크게 불편한 것 없으면 지금 쓰는 게 편하거든요.'

이런 소비자층은 마음을 사로잡기 위한 노력보다는 일단 소비자가 구매하기 편한 조건을 만들어주는 것이 가장 중요하다. 예를 들어, 매장을 전철역과 가까운 곳에 배치한다든가, 할인매장에서 쉽게 구매할 수 있도록 한다든가, 브랜드나 서비스를 이용한 사람에게는 계속적으로 서비스를 제공해 주는 식으로 편한 조건을 조성해 주는 것이 관건이다.

'그날 마침 좋아보이던걸요' : 상황적 구매자

가장 자극적이고 원초적인 반응을 보이는 소비자층이다. 이들의 소비 유형은 이런 모습을 보인다.

쇼핑 중에 사야 하는 휴지가 있었다고 가정하자. 지난번에 구입했던 휴지를 사려다가, '특가 세일'이라고 적혀 있는 글씨를 본다. 사려던 휴지보다 무려 1,000원이 더 싼 가격에 휴지도 하나 더 들어 있는 것이다. 상황적인 구매자층의 소비자는 이럴 때, 주저 없이 새로운 휴지를 선택한다. 이 구매자층의 특징은 구입 상황에 따라 브

브랜드 로열티에 따른 소비자 구분

구분	특성
헌신적 구매자	• 특정 브랜드를 지속적으로 선호해, 그 브랜드에 대한 배타적인 로열티를 보임 • 주위 사람들에게 특정 브랜드를 추천하고, 특정 브랜드의 문화를 공유하려는 구매자층
호의적 구매자	• 특정 브랜드에 대해 좋은 태도를 지니고, 주의 사람에게도 추천함 • 품질이 좋거나 가격이 경제적인 경우 해당 브랜드에 대한 호감을 지니는 마케팅 변수에 영향을 받아 형성되는 구매자층
습관적 구매자	• 브랜드에 대한 호의적인 태도는 별로 없고, 단지 큰 문제가 없기에 계속 사용하는 경향을 보임 • 매장이 생활 동선에 있어 브랜드 구입이 쉽다든지 하는 유통 변수에 영향을 받는 구매자층
상황적 구매자	• 특정 브랜드는 알지만 구매 행동으로 직접 연결되지 않음 • 구입 상황에 따라 브랜드를 자주 바꾸며 사고 편리한 것을 추구하는 경향이 있는 구매자층

랜드를 자주 바꾸면서 싸고 편리한 것을 추구하는 경향이 강하다. 이런 소비자층을 끌어들이기 위해서는 가격이나 사은품을 거는 이벤트 등의 방법과 같이 직접적이고 바로 혜택을 얻을 수 있는 마케팅 방법이 좋다.

브랜드에 대한 소비자의 로열티 정도와 성향을 파악한다면 오래도록 사랑받는 브랜드 파워를 가진 브랜드로 가는 길이 더욱 쉬워질 것이다.

구관이 명관! 기존 고객을 지켜라

'조강지처를 버리면 벌 받는다.'

처음부터 정을 붙이고 마음을 준 조강지처를 버린 사람 중에 벌 받은 사람은 아마 많을 것이다. 브랜드 작업을 하다 보면 브랜드를 탄생시키고 키우고 사라지게 만드는 과정 하나하나가 참 우리네 인생과도 닮아 있다는 걸 문득문득 느낀다.

브랜드 로열티를 소비자가 갖는 순간부터 그 소비자는 그 브랜드와 사랑에 빠진 것과 같다고 말했다. 하지만 브랜드라는 놈이 마치 바람둥이처럼 욕심이 많다 보니, 한 사람 한사람 자신을 사랑해 주는 사람 수를 늘려가고만 싶어한다. 더 많은 사람들에게 더 많은 사랑을 받고 싶어서 매일매일 새롭게 자신을 꾸미고 가꾸는 것이 브랜드의 운명이다. 하지만 처음부터 사랑을 보내준 조강지처와 같은 소비자들을 등한시하는 순간부터, 속된 말로 그 브랜드는 '끈 떨어진 연'이 되기도 한다.

80/20의 법칙이 있다.

마케터들 사이에서 불문율처럼 내려오는 80/20법칙의 내용은 이렇다. 전체 고객의 20퍼센트가 기업 매출의 80퍼센트를 기여한다는 것으로, 고정 고객이 20퍼센트만 된다면 절대 망하지 않는다는 것이다. 고정 고객 20퍼센트가 바로 지금 말하는 브랜드의 조강지처인 셈이다. 20퍼센트의 고객들이 그 이외의 유동적인 고객들보다 더 중요하다는 뜻이다.

요즘처럼 신용불량자들이 마구 늘어나는 상황에서 얼마 전 VIP 카드로 승급을 받았다는 친구에게 비결을 물었더니 '난 한 카드만 공략해'라고 대답했다. 자사의 카드를 많이 사용한 고객들에게는 한도를 높여주고 더 좋은 서비스를 제공하는 것 역시 브랜드 조강지처를 잡기 위한 카드사의 노력인 것이다. 백화점의 회원에 대한 우대할인, 이동통신사의 장기 이용자에 대한 약정할인 등도 같은 맥락으로 볼 수 있다.

'우와, 너 그것 써봤냐. 내가 요즘 좀 열심히 썼더니 당장에 서비스가 장난이 아니야'라는 입소문까지 난다면 새로운 고객을 유치하는 노력과 비용보다 적은 힘으로 두 배의 효과를 볼 수 있을지도 모른다.

소비자의 불만에 과감하게 대응하라

"실제로 사용하는 서비스는 얼마 되지 않아요. 그런데 사용하지 않는 서비스까지 요금을 내라고 하는 건 맞지 않는 것 같아요. 대학생 ㅇㅇㅇ였습니다."

이 광고를 기억하는가. '고객의 상식에서 배우겠습니다. LG텔레콤'이라는 모토를 가지고 소비자들을 광고에 등장시키는 LG텔레콤의 텔레비전 광고였다. 그동안 LG텔레콤이라는 브랜드가 가지고 있는 약점과 불만을 과감하게 전면에 내세웠다는 점에서 소비자들에게 좋은 반응을 얻었던 광고다.

돈들이지 않고 브랜드 로열티를 높이고 지켜주는 데 입소문이 큰 역할을 하는 것은 사실이다. 하지만 소비자의 작은 불만 하나에서 퍼지기 시작한 입소문에 의해서 브랜드의 로열티는 물론 이미지까지 훼손되는 경우도 발생하곤 한다. 마케터들이 끊임없이 소비자 조사를 실시하고 이미지 조사를 실시하는 이유 중에 하나도 바로 이러한 불만을 알아내고 대처하기 위해서다.

'돌려치기보다는 정면대응이 효과적이다.'

조금씩 퍼지고 있는 불만을 무마하기 위해서 불만에 대한 문제점들을 드러내놓고 분석하는 것이 오히려 더 효과를 보기도 한다. LG텔레콤의 경우처럼, 문제점으로 계속 지적되던 부분들에 대해서 소비자의 입을 빌어 더욱더 적나라하게 말한 후, '고객의 상식에서 배우겠습니다'라고 말하는 방식은 소비자들에게 신뢰감을 심어주는 효과를 불러일으켰다. 그리고 실제로 제도를 바꿔가면서 '고객지향적인 마케팅'을 실시하고 있는데, 이런 모습은 헌신적인 소비자층을 더욱더 확고하게 다지는 한편, 호의적인 소비자층의 마음을 움직이는 데 기여한다. 약점에 대해서 피하는 것이 아니라 솔직하게 대처하는 것이 솔직하고 직선적인 요즘 세대들에게 더욱더 어필하는 것이다.

제품을 더 싸게 파는 곳이 있으면 두 배로 환불해 주겠다는 까르푸의 최저가격보상제, 5년 동안 사용해 보고 구매 여부를 결정하도록 하는 웅진코웨이의 렌털 서비스 역시, 소비자의 소리를 듣고 행동하겠다는 고객지향적인 마케팅의 한 모습이다.

소비자를 참여시켜라

엄마와 딸이 어느 행사에 함께 참여했다. 행사에서 피부 관리에 대한 강의도 듣고, 약간의 사은품도 받아온 딸이 이런 말을 했다.

"피부 관리 정보를 얻고 사은품을 받는 것도 좋았지만 엄마랑 함께해서 더 좋았어요."

다음에 화장품을 구입할 때, 이번 행사에 참가한 것이 영향을 줄 것 같냐는 질문에 모녀는 이렇게 대답했다.

"어차피, 화장품은 사야 하는 건데 제품에 큰 차이 없으면 사겠죠."

소비자의 마음을 잡으려면 소비자에게 경험을 줘라. 더 이상 소비자들은 수동적인 존재가 아니다. 그들은 선택하길 원하고, 참여하길 원하는 존재로 바뀌어가고 있다. 내가 해본 것과 막연히 들어서 아는 것에 대해서 소비자가 갖는 애정도는 많이 달라질 수밖에 없다. 행사에 참여했던 모녀가 나중에 따로 슈퍼나 화장품 가게에서 우연히 행사에서 봤던 화장품을 본다면, '어, 이거 엄마(우리 딸)랑 같이 봤던 거네'라며 처음 보는 다른 브랜드에 비해서 친근감을 가질 것이다. 친근감이 생긴 브랜드를 소비할 확률이 높아지는 것은 당연한 일 아닐까.

최근 고객지향적 마케팅 기법이 붐을 이루면서 소비자를 참여시키거나 소비자 대상의 행사들이 꾸준히 늘어나고 있다. 무심코 참여했던 추첨 행사나 이벤트 혜택이 당신도 모르는 사이에 당신의 브랜드 충성도를 재조정하는 것이다.

그 외에도 많은 브랜드들이 소비자들의 참여 방법을 찾아서 브랜드 굳히기 작업을 곳곳에서 실행하고 있다. 그중 가장 활동이 활발한 곳이 바로 인터넷 브랜드들이다. 현재 국내에서 브랜드 마니아들은 다음, 네이버, 프리챌 등 포털 사이트를 중심으로 수천 개의 클럽을 결성해 활동 중이다. 온라인에서 시작된 동호회는 오프라인까지 영역을 넓혀 관계를 유지하고 영향력도 넓히고 있다. 반대로 안티사이트(Anti-site)의 활동도 만만찮다. 특정 브랜드에 반대하는 사람들이 만든 사이트의 수는 마니아 클럽의 두세 배가 넘고 불매운동, 시민단체와의 연대 등으로 인해 표출되는 이들의 파괴력은 대단하다. 이와 반대로 현대자동차(www.hyundai-motor.com), 삼성전자 애니콜(www.anycall.com), KTF Na(na3.nacross.com), 빈폴(www.beanpole.co.kr) 등은 자사 사이트 안에 마니아 클럽을 운영하고 있다. 보다 체계적으로 브랜드를 관리하려면 별도의 브랜드 자산 관리팀을 운영하는 게 좋다. 현재 자사의 브랜드 가치가 얼마나 되는지, 어떻게 변해 가는지를 모르고서 브랜드 자산을 키우기는 어렵기 때문이다. 특히 이 관리팀을 최고 경영진과 직접 소통할 수 있도록 해, 기업의 다른 어떤 전략보다 브랜드 전략을 우선할 수 있도록 만드는 게 중요하다. 그 중심에 소비자가 있다는 것을 잊지만 않는다면 당신은 브랜드의 주인이 될 것이다.

브랜드를 돈으로 만들자

브랜드 자산 가치에 눈을 떠라

브랜드의 자산 가치가 주목받기 시작한 것은 외자계의 국내 기업 인수가 늘어나면서부터이다. 한국존슨의 경우 삼성제약(에프킬러)을 인수하면서 브랜드 값만으로 297억 원을 지급했고, 질레트 역시 로케트 전자와 7년 기간의 브랜드 사용권을 계약하면서 660억 원을 지불키로 합의했다. 단순히 제품의 값을 따지던 시대에서 브랜드라는 무형자산의 가치를 중요하게 여기는 시대임을 느끼기 시작한 것이다. 이제는 서비스, 매체, 이벤트, 나아가 사람(CEO)까지도 브랜드화를 실시해 그 자산 가치를 높이려는 노력이 곳곳에서 일어나는 추세다.

선진국에서는 이미 1980년대 말부터 브랜드 가치를 금액으로 환산하기 시작했다. 처음 이 작업이 시작되었을 때, 눈에 보이지 않는 이 가치에 대해서 반신반의하는 사람들이 많았다. 하지만 20여 년이 지난 지금 브랜드의 가치는 나날이 높아지고 있다.

전 세계 2,000여 개의 브랜드를 대상으로 가치 평가한 결과, 1위를 차지한 것은 코카콜라였다. 코카콜라의 브랜드 자산 가치는 약 838억 달러로 평가받는다. 제품이 아닌 콜라가 가지고 있는 브랜드 힘 자체만의 가치인 것이다. 이것은 코카콜라가 회사의 주식 시가총액의 60퍼센트, 전체 유형자산의 15배에 달하는 수준이며, 이 금액은 국내 1위 그룹의 자산 가치(100조 원)과 비슷한 수준이니 정말 어마어마하다는 말밖에는 표현할 수 없다.

아시아 기업 중에는 142억 달러의 소니와 123억 달러의 도요타, 111억 달러의 혼다 등이 브랜드 자산 가치를 크게 가진 브랜드에 속하며, 아쉽게도 아직까지 한국에서는 10억 달러 이상의 자산 가치를 지닌 브랜드가 하나도 없는 실정이다.

브랜드가 자신의 상품이나 서비스를 다른 경쟁자와 구별해 표시하기 위해 사용하는 명칭이면, 브랜드 자산은 동일한 마케팅 노력을 투입했을 때 브랜드 파워가 없는 상품과 있는 상품 간에 나타나는 이익의 차이다.

한마디로, 브랜드가 '돈으로 환산할 수 있는 가치'로 발전해 나간 것이 브랜드의 자산 개념을 이루는 것이다.

생각해 ! 봅시다

비싼 브랜드일수록 잘 팔린다?

이 질문은 어쩌면 쉽게 맞췄을지도 모르겠다. 얼마 전까지 우리나라에서 명품 열풍이 불었기 때문이다. 그렇게 잘 팔린 명품은 동일 품목의 일반 브랜드에 비해 수십 배가 비싼 경우도 있었다. 그럼에도 불구하고 당시 명품의 인기는 하늘을 찔렀고 지금도 여전히 잘 팔리고 있다.

물론 일반 제품도 어느 정도 마찬가지다. 소비자들은 고급스러운 제품을 선호한다. 가격이 저렴하면 제품의 품질을 의심하는 소비자도 있고, 들고 다니기 부끄럽다는 소비자도 있다. 특히, 이런 현상은 가시성이 높은 제품에서 많이 나타난다. 여성 화장품을 예로 들어보자. 소비자마다 차이는 있겠지만 집에서 사용하는 기초 화장품은 저렴한 것을 사용하더라도 들고 다녀야 하는 파우더는 고급 브랜드를 사용하는 소비자가 많다. 물론 기초 화장품은 피부에 직접 닿기 때문에 좋은 제품을 써야 한다고 반박하는 사람도 있겠지만, 일반적으로 기초 화장품보다는 파우더를 더 고급 브랜드로 사용한다.

물론 가격이 높다고 무조건 잘 팔리는 것은 아니다. 가격에 민감한 주부들이 사용하는 제품을 생각해 보자. 세탁용 세제의 경우는 100~200원의 가격이 구매를 판단하기도 한다. 집에서 먹기 위해서 사는 과일류도 마찬가지다. 이런 제품은 가격이 저렴할수록 더욱 잘 팔린다.

제품의 판매 여부는 단순히 가격이 낮고 높은 차원의 문제가 아니다. 제품에 따라서 고급 브랜드로 만들 것인지 친근한 브랜드를 만들 것인지를 결정해야 한다. 즉, 상황에 따라 적절히 조절하는 능력은 브랜드 마케팅의 필수 조건이다.

브랜드 자산의 중요성을 인식하라

이렇게 브랜드 자체가 유형자산 이상으로 중요한 위치를 차지할 수 있는 이유는 무엇일까. 거래의 주도권이 공급자에서 소비자로 이전하면서 제품 자체보다 소비자의 마음을 잘 설득해 내는 것이 중요한 관건으로 떠올랐고, 그런 과정에서 소비자를 설득하는 역할을 하는 브랜드의 중요성 역시 높아진 것이다.

'밑지고 팝니다.'

'망했다, 왕창 세일!'

이런 문구들을 본 적이 있을 것이다. 브랜드 파워가 없는 경우, 가장 쉽게 차별화를 실시하는 부분이 바로 가격이다. 하지만 단순히 가격을 내리는 것으로 승부를 보다가 결국엔 '제 살 깎아먹기'식의 경쟁 끝에 패자로 전락하는 경우도 많다. 가격에 대한 최소한의 자존심을 지킬 수 있는 것은 바로 브랜드 로열티 때문이다. 20/80의 법칙을 기억하자. 고정된 20퍼센트의 소비자들이 로열티를 형성하는 것 자체로 이미 그 브랜드는 브랜드의 자산 가치를 형성하기 시작한다. 로열티가 형성되어 있는 브랜드가 밑지면서 장사를 해야 하는 상황은 발생하지 않을 것이다.

브랜드 자산을 구축하는 것은 핵심적인 기업 전략의 하나다. 이때 가장 중요한 것이 바로 차별적인 경쟁 포지션의 확립이다. 소비자들의 인식 속에 차별화된 영역을 차지하는 것이야말로 진정한 차별화다. 이러한 차별화가 구축되어 있는 브랜드가 시장에서 갖는 안정성은 점차 커지게 마련이다. 브랜드 자산이라는 것은 눈에 보이지 않는 무형의 자산이다. 브랜드 자산을 구축하고자 할 때는 단순히 제품을 많이 팔기 위한 마케팅 수단이 아닌 수익 창출을 보장하는 전사적 무형자산으로 인식하고 장기적이고 전략적인 계획을 수립하고 실행해야 한다.

브랜드 자산 구축 방식을 구분하라

제품을 선택할 때 많이 고려해야 하는 부분이 있다. 바로 기술과 이미지다. 코카콜라의 경우는 이미지로 브랜드 자산 구축에 성공한 경우다. 코카콜라에 대해서 전 세계 사람들이 공통적으로 인식하는 것은 붉은색과 항상 새롭다라는 이미지다. 이러한 신선한 이미지로 코라콜라는 전 세계 1위의 브랜드 자산 가치라는 거대한 산을 만들 수 있었던 것이다. 기업들이 브랜드 자산을 구축하는 방법은 대략 네 가지 정도로 나뉜다.

1. 기술 → 이미지 : 기술적 우위가 있는 제품에 브랜드 자산을 부가하는 경우다.
2. 기술<이미지 : 최첨단 기술을 보유하고 있지만 브랜드 자산을 구축하는 데 중점을 두는 경우다.
3. 기술+이미지 : 기술 수준을 높이면서 동시에 이미지를 제고하는 경우다.
4. 이미지 : 기술이 시장 우위에 그다지 영향을 주지 않는 소비재 분야에서 브랜드 자산을 구축하여 성공하는 경우다.

1998년 하버드 대학의 모스캔터(Rosabeth Moss Kanter) 교수는 세계경제 포럼에서 "인텔은 컴퓨터 칩을 감자 칩처럼 파는 회사다.

대중과는 거리가 먼 반도체에 '인텔 인사이드'라는 이름을 붙인 것은 제조업의 패러다임을 변화시킨 우수한 사례"라고 극찬한 바 있다. 인텔의 경우 286, 386, 486 등 선풍적인 인기를 끈 CPU브랜드를 가지고 있음에도 그 명칭이 일반화되어 버리는 바람에 브랜드 자산 구축에 있어서는 고전을 면치 못하고 있었다. 컴퓨터 안에 인텔 칩이 내장되어 있다는 하나의 메시지를 전달하기 위해서 1998년까지 8년 동안 34억 달러의 비용을 지출하면서도 특별한 효과를 보지 못했다. 하지만 인텔 인사이드라는 캠페인의 시작으로 인텔은 새

브랜드 자산 구축의 4가지 방식과 성공 사례

자산 구축 방식	내용	성공 사례	핵심 성공 요인
기술 → 이미지	기술적 우위에 있는 제품의 이미지를 제고하여 자산 구축	애니콜	'삼성'이 기술적 우위를 보증하고 '한국지형에 강한', 'Digital Exciting'으로 브랜드 이미지 제고
기술<이미지	첨단 기술을 보유하고 있지만 기술보다 브랜드 이미지 제고에 집중하여 자산 구축	스와치	고급 기술을 보유하고 있지만, 시계를 'Fashion'의 영역으로 인식 전환하여 트렌드 선도
기술+이미지	기술 및 이미지를 함께 제고하여 자산 구축 (현실적으로 어려움)	없음	
이미지	기술이 중요하지 않은 분야에서 이미지 관리로 자산 구축	청정원	'자연', '정성'을 키워드로 친환경적 이미지를 꾸준히 형성

로운 국면을 맞는다.

캠페인 초기, 어느 광고 대행사 사장은 '컴퓨터를 구입하는 사람은 성능에만 관심이 있지 그 속에 어느 회사의 칩이 있는지는 관심이 없을 것'이라고 혹평을 하기도 했다. 하지만 이 캠페인은 성공했고, 소비자들의 머릿속에 '믿을 만하고 성능 좋은 컴퓨터에는 인텔의 CPU가 들어 있다 ─ 인텔 인사이드'라는 이미지를 심는 데 성공했다. 소비자들이 컴퓨터를 구매할 때 인텔 인사이드라는 말에 대해서 민감하게 반응하기 시작했고, 그것은 인텔의 브랜드 자산 가치를 껑충 높여주는 결과를 가져왔다. 현재 경쟁이 극심한 CPU업계에서 인텔은 90퍼센트 이상의 인지율과 80퍼센트 이상의 시장 점유율을 기록하고 있다. 기술적으로 이미 우위를 차지하는 제품에 이러한 브랜드 이미지를 접목시킴으로써 브랜드 자산을 확장시킨 사례다.

반대로, 기술적으로 우위에 있음에도 이미지를 강조해서 브랜드 자산 가치를 높이는 경우도 있다. 소니의 경우, 1967년 컴퓨터 시장에 진입한 이래로 계속적인 실패를 경험한다. 컴퓨터 시장은 물론 게임 시장에서도 계속 실패하면서 소니가 가진 의문이 있었다. '왜 PC는 재미있으면 안 될까' 하는 문제였다. 1995년 봄, 컴퓨터, 주변기기 및 미디어 관련 기술자들을 전 계열사에서 모아 IT회사를 신설하면서 소니는 새로운 선택을 한다. 그것은 기술진이 아닌 디자이너의 과감한 발상을 채택하여 새로운 디자인의 소니다움을 만들어간다는 것이었다.

"CPU의 속도나 메모리의 용량은 상관없다. 내가 들고 다녀도 멋있는 PC를 만들고 싶다"는 당시 디자이너 고토(後藤禎祐)의 말은 소니가 표방했던 소니다움을 단번에 느낄 수 있게 해준다. 기술을 줄이더라도 소형화·경량화를 시도한 소니의 컴퓨터 브랜드는 오히려 기술 중심이었던 다른 브랜드와는 차별화되면서 브랜드 파워를 가질 수 있었다. 이것은 이미 소니라는 기업 자체의 브랜드 파워가 있었기에 가능한 일이었다. 즉, 기업 자체가 강한 브랜드력을 지닐 경우, 다른 산업 영역에서도 새로운 브랜드를 비교적 쉽게 만들어낼 수 있음을 보여주는 예이다.

앞의 두 경우가 기술과 이미지 중 한쪽을 선택해서 브랜드 자산 구축에 성공했다면, 기술과 이미지 모두를 고려해서 브랜드 자산 구축에 성공하는 경우도 있다. 1990년대 초부터 삼성전자는 삼성 휴대폰이라는 브랜드로 제품을 판매하기 시작했다. 하지만 당시 소비자들에게 독특한 이미지를 형성시키지 못한 채 10퍼센트 내외의 평범한 제품으로 머무르고 말았다. 이런 문제를 해결하고자 1994년 가을까지 500여 개의 브랜드 후보안을 놓고 10개월간의 작업 끝에 '한국지형에 강하다. 애니콜'이라는 슬로건과 브랜드 네임이 탄생했다. 산악 지형이 많은 한국적 상황에 맞는 강점을 정면으로 내세우면서 기술적인 측면의 우수성과 한국적 현실에 맞는다는 이미지까지 동시에 구현된 것이다. 이 결과, 캠페인을 실시한 지 11개월 만에 모토롤라를 제치고 업계정상을 차지한 후, 그 선두는 지금까지도 이어져 국내에서 가장 강한 브랜드 자산을 보유하는 결과를 가져왔다.

마지막으로, 이미지만을 강조해서 브랜드 자산을 키우는 방법도 있다. 이미지만을 이용해서 브랜드 자산을 키우는 경우는 주로 소비재 분야에서 두드러진다. '말보로' 역시 이 경우에 속한다. 1950년대 중반, 미국 담배 시장의 대상이 여성에서 남성으로 이동하는 분위기가 일어난다. 이런 분위기 속에서 여성을 주고객층으로 겨냥하고 필터를 부착해서 출시한 말보로는 제품 정체성의 위기를 겪는다. 이에 남성형 제품으로 다시 태어나기 위해서 디자인과 광고를 파격적으로 변경하는 전략을 선택한다. 내용물은 같은 담배지만 외관을 완전히 바꾸는 작업을 시행한 것이다. 담뱃갑을 곽으로 바꿔서 구겨짐을 방지하고, 기본 색상은 강렬함을 주는 빨간색으로 설정한다. 그리고 강한 인상을 지닌 부두 노동자, 카우보이 등을 주인공으로 하는 광고를 시작한다. 일관된 톤을 유지하여 브랜드 이미지를 제고시키려는 이런 노력은 강력한 브랜드 아이덴티티를 정착시키는 데 큰 공헌을 한다. 이를 바탕으로 1975년 '윈스톤'을 누르고 말보로는 담배 시장 정상에 올라선 이래 지금까지 남성다움을 상징하는 담배로 세계적인 정상을 지키고 있다.

브랜드 자산은 구축하기도 힘들지만 일순간에 무너지는 속성을 지니고 있다. 부도, 감원, 공장의 화재나 폭발사고, 불매운동처럼 경영 활동 과정에서 직면하는 대부분의 위기가 브랜드 위기로 연결되기도 한다. 브랜드 위기는 바로 브랜드 자산의 감소를 가져온다. 두산이 겪었던 페놀사건 역시 두산이 10여 년 이상 쌓아온 브랜드 자산이 한순간에 무너질 수도 있다는 것을 보여준 예이다. 따라서 브랜드 자산을 지키고 확장시켜 나가기 위해서는 평소 브랜드 관련 위기 대처 능력을 키워서 유사시에 대비할 필요가 있다. 위기 관리 매뉴얼을 만들어서 행동요령과 절차를 숙지하고 다양한 모의 시나리오를 만들어서 연습하는 것도 하나의 방법이다. 기업이 만드는 것은 제품이지만 고객이 구매하는 것은 브랜드다. 따라서 언제 들어올지 모르는 브랜드 클레임이 대해서 기분 좋은 리콜 제도를 수행할 수 있는 여유를 잃지 않는 것도 브랜드 자산을 유지할 수 있는 방법이다.

글로벌 브랜드를 지향하자

브랜드를 현지화하라

처음으로 해외여행을 나갔던 후배의 경험담이다. 파리에서 아주 유명한 벼룩시장이 열린다고 해서 물어물어 어렵게 찾아갔다. 고서적에서 그림, 화병에 이르기까지 이국적인 물건과 풍경들에 취해서 다니다가 너무나 마음에 드는 자수정 목걸이 세트와 손목시계를 발견했다. 그래서 큰마음을 먹고 두 개를 모두 사서, 목걸이는 어머니에게 드리고 손목시계는 자기가 가졌다. 그런데 며칠 후, 목걸이를 보시던 어머니가 이렇게 말씀했다.

"너, 이 목걸이 김포공항 면세점에서 샀었지?"

이유는 이랬다. 파리의 벼룩시장에서 사온 목걸이 케이스 뒷면에 'Made In Korea'라는 표시가 떡 하니 붙어 있었던 것이다. 그게 벌써 20년 전의 일이다.

당시만 해도 국내에서는 외국 기업들의 하청을 받아서 물건만 만들어주는 형태의 수출이 대부분이었다. 한국 시장은 외국 기업들에게 값싸고 능력 좋은, 노동력이 풍부한 시장으로 인식되었던 것이다. 목걸이 해프닝 역시 그런 결과였다. 시대가 바뀌고 많은 한국 기업들도 하청공장에서 벗어나 자신만의 브랜드를 가지고 세계 시장으로 나아가고 있다. 제지, 철강, 조선과 같은 대규모 사업뿐만 아니라, 식품, 의류, 심지어는 미용실까지도 해외시장으로 진출하고 있는 실정이다. 국내 시장에서도 그렇지만 해외 시장으로 진출할 때, 가장 중요한 문제는 '짧은 시간에 적은 비용으로 글로벌 브랜드'를 만드는 데 달려 있다. 이때 가장 효과적인 방법이 현지화다. 브랜드의 현지화는 물류 비용을 획기적으로 줄여주는 장점이 있다. 그리고 현지 고용창출을 통해서 현지인들에게 브랜드의 이미지를 높일 수 있다는 장점이 있다. 따라서 브랜드를 현지화할 수 있는 지역거점의 확보가 중요한 문제다. 최근 국내 기업들의 중국 진출이 활발한 것 역시 저렴한 노동력과 막대한 시장이라는 두 가지 장점이 동시에 충족되기 때문이다. 글로벌 마케팅은 국내 마케팅보다 더 많은 비용과 예산이 투자된다. 따라서 글로벌 마케팅을 효율적으로 진행하기 위해서는 공략할 수 있는 시장을 한정하고 집중하는 것이 중요하다.

생각해 봅시다

글로벌 브랜드는 대기업만 키울 수 있다?

얼마 전 신문에서 현대자동차의 EF소나타가 미국의 유명한 시장조사기관에 의한 조사에서 중형차 부문 1위를 얻었다. 뿐만 아니라 삼성 휴대폰이 세계 시장에서 강한 브랜드 파워를 보여주고 있다는 사실은 새삼스러운 일이 아니다.

그런데 이런 글로벌 브랜드로의 성장은 과연 풍부한 자원과 기술을 가진 대기업에서만 볼 수 있는 것일까? 대답은 '아니오'다.

MP3 세계 시장에서 20퍼센트의 점유율을 자랑하는 아이리버는 깔끔한 디자인의 힘을 바탕으로 대기업들의 제품을 제치고 국내 1위는 물론 세계 시장에서도 당당하게 이름을 내밀고 있다. 아이리버의 경우, 미국 브랜드의 하청업체가 되는 것을 버리고 자사 브랜드 만들기에 주력하는 모험을 감행한 것으로 유명하다. 레인컴의 사장인 양덕준 사장이 세계적인 디자이너로 유명한 이노 디자인의 김영세 사장을 만나기 위해서 미국 실리콘 밸리로 무조건 찾아가 "가진 돈이 없는데, 일단 도와달라. 벌어서 갚겠다"는 황당한 제안을 했고, 지금의 인기 디자인을 만들어낸 일화로 유명하다.

비단 아이리버뿐만 아니라, 락앤락, 쌈지, 로만손 등의 중소기업들의 성공 역시, 특유의 뚝심으로 자사 브랜드 만들기에 성공한 중소기업 브랜드라는 공통점을 가진다. 그리고 이들 중소기업 브랜드들은 모두 디자인으로 브랜드를 차별화했다는 특징이 있다. 대기업만이 브랜드를 갖는 시기는 지났다. 작은 중소기업의 브랜드라도 자신만의 브랜드를 만들기 위한 노력을 잊지 않는다면 세계적인 브랜드 만들기는 멀리 있는 일이 아니다.

해외 행사를 활용하라

박람회, 전시회, 엑스포 등 국제적인 행사를 적극적으로 활용해야 한다. 2002월드컵을 통해 한국에 대한 이미지가 새롭게 만들어졌던 것처럼 전 세계 사람들, 특히 같은 목적을 가진 사람들이 함께 모이는 박람회나 엑스포의 경우, 브랜드의 이미지를 높이는 기업들 사이의 광고 효과가 다른 어느 곳보다 높다. 서전 안경테가 국제적으로 알려지고 인정받을 수 있었던 계기 역시 뉴욕에서 열렸던 '비전 엑스포 전시회'였다. 전시회에서 세계 최고의 제품으로 인정받으면서 세계 시장으로의 진입을 비교적 쉽게 시작할 수 있었던 것이다.

처음 해외 시장에 진출하는 브랜드가 브랜드의 신뢰성을 보다 쉽게 구축할 수 있도록 도와주는 것이 이런 해외 행사들의 장점이다.

글로벌 브랜드로 새롭게 자리 잡으려는 LG의 경우 신규 브랜드를 가지고 독일에서 열리는 기술 박람회에서 행사를 열기도 했다. 또, 여기서 매일 카메라폰을 추첨을 통해서 일반 소비자들에게 나눠주기도 했다. 카메라폰으로 사진을 찍어 현상해 주기도 하면서 친숙하고 참신한 이미지로 소비자들에게 브랜드 이미지를 심어주려는 시도였으며, 물론 행사장은 소비자들로 매일 만원이었다. 박람회나 엑스포와 같은 행사의 경우, 기업이나 바이어들에게는 신뢰성을 기본 전제로 깔아주는 힘을, 일반 소비자들에게는 브랜드에 대한 거부감을 줄이며 쉽게 다가갈 수 있는 힘을 제공해 준다. 행사나 이벤트는 언제나 즐거운 것이 아니던가.

이미지를 집중시켜라

글로벌 브랜드화할 때는 기업별로 차별화된 전략을 펼치는 것이 무엇보다도 중요하다. 여러 가지 브랜드를 많이 보유하고 있는 대기업의 경우는 모든 시장에서 브랜드를 단일화하되 국가별, 지역별,

시장별로 '시리즈 브랜드 전략'을 도입해 브랜드의 이미지를 강화시키는 전략이 필요하다.

샤넬이 세계적인 향수 브랜드로 자리 잡을 수 있었던 이유 중 하나는 '샤넬 No.5, 샤넬 No.9, 코코샤넬'처럼 브랜드를 시리즈화해서 국가, 민족, 개인마다 다른 고객의 욕구를 충족시켜 줄 수 있는 통일화된 다양성을 추구했기 때문이다.

반면 중소기업은 상호와 브랜드를 일치시켜서 글로벌 시장에서 단일한 이미지로 승부하는 것이 필요하다. 대기업과 달리 중소기업은 하나의 브랜드로 승부하는 경우가 많다. 따라서 대부분 브랜드의 이름은 알지만 기업의 이름은 모르는 경우가 빈번하게 발생한다. 만약 브랜드의 이미지를 현지 사람들에게 더욱 긍정적으로 심어주기 위해서 회사 이름으로 지역 자선행사를 주최한다고 해보자. 브랜드만을 기억하는 사람들에게 그 행사는 어느 이름 모를 회사에서 주최하는 행사에 불과할 것이다. 따라서 기업의 상호와 브랜드를 일치시키는 전략이 브랜드 이미지뿐만 아니라 기업의 이미지를 높이는 데 더욱 효과적인 방법이다. 쿠쿠밥솥으로 인기가 많은 성광전자는 해외 시장으로 진출하면서 상호를 쿠쿠홈시스로 바꾸었다. 이런 상호의 일치는 일본, 중국 등 글로벌 시장에 효율적으로 진입할 수 있도록 도와줄 것이다.

디자인을 잡아라

'보기 좋은 떡이 먹기도 좋다'는 말이 있다. '기왕이면 다홍치마'라는 말도 있다. 사람들의 심리는 의외로 간단하기도 하다. 내 눈에 보기 좋은 것, 괜히 끌리는 것에 먼저 손이 가는 것이다. 해외 시장으로 진출할 때, 대부분은 이미 형성되어 있는 시장에 도전장을 내는 것이 대부분이다. 이때 브랜드 이미지를 어떻게 형성하느냐 하는 것은 브랜드를 살릴 수도 죽일 수도 있는 결과를 낳는다.

브랜드 이미지 형성을 위한 중요한 요소는 바로 디자인이다. 해외 시장에서 브랜드가 약하면 약할수록 디자인 부문에 투자해야 한다. '어! 이거 뭐야? 못 보던 건데 근사하다' 이런 관심의 시작이 브랜드 이미지 형성의 시작인 것이다.

법적으로도 현지화하라

세계는 넓고 할 일은 많다더니 정말 나라는 많고 법도 다양하다. '로마에 가면 로마법을 따르라'라는 말이 그대로 적용되는 것이 바로 국제 상표법의 현주소다. 전 세계 각국은 나름대로 독자적인 상표법을 통해서 권리를 인정해 주고 있다. 아무리 한국에서 상표등록을 하고 법적인 보호를 받는 상표라고 할지라도 해외로 나가는 순간, 그 상표에 대한 보호막은 무용지물이 된다고 해도 과언이 아니다.

브랜드는 이미지를 먹고 자란다. 글로벌 브랜드 역시 마찬가지다. 비용의 문제, 법적인 문제들이 제반 상황으로 따라오긴 하지만 가장 중요한 것은 바로 어떤 이미지를 심어주는냐 하는 것이다. 정부에서 토종 브랜드가 세계 시장에서 성장할 수 있도록 또한 국가 이미지를 홍보, 개선하고 기업 간 중복 투자가 발생하지 않도록 적절한 정책적 배려를 해주는 것도 글로벌 브랜드로 성장시키는 데 중요한 요인으로 작용한다. 글로벌 브랜드, 이미지, 법, 국가 배려 등의 삼박자의 조화가 이루어질 때, 더 많은 글로벌 브랜드를 만들어 낼 수 있을 것이다.

브랜드 자산 구축을 위한 실행 tip

1. 현재의 브랜드 로열티를 정확하게 파악하라.

2. 미래의 브랜드 로열티 역시 브랜드 의사결정에 참고하라.

3. 일부 열성 고객을 지켜라.

4. 지속적으로 브랜드 자산을 측정하라.

5. 브랜드 건강도를 체크하라.

1. 현재의 브랜드 로열티를 정확하게 파악하라

인기 있는 사람에게는 인기 있는 이유가 있게 마련이다. 얼굴이 잘생겼든지, 성격이 좋든지, 말을 잘하든지 등등 사람의 마음을 사로잡는 요인을 적어도 한 가지 이상은 갖고 있다. 브랜드 역시 마찬가지다. 인기 있는 브랜드, 즉 브랜드 로열티를 구축하고 있는 브랜드에도 그만의 이유가 있다. 그 이유를 파악하는 것은 브랜드를 자산으로 발전시키는 시작이다.

일반적으로 브랜드 로열티를 측정하기 위해서는 다음과 같은 사항을 확인한다.

① 내 취향이나 기호, 분위기 등과 맞아 떨어지는가.

② 왠지 믿을 수 있을 것 같은 신뢰감이 강하게 드는가.

③ 왠지 브랜드 이미지나 연상이 요즘 분위기와 잘 맞는 것 같은 생각이 드는가.

④ 더 이상 이 브랜드를 구입할 수 없다면 무척 아쉬울 것 같은가.

⑤ 나는 이 브랜드에 대해 친근감을 느끼는가.

⑥ 다른 사람이 물어보면 구입을 권할 의사가 있는가.

이러한 사항의 결과를 바탕으로 현재의 브랜드 로열티를 정확하게 파악하는 것이 브랜드의 문제점 파악과 브랜드 유지 개발을 위한 해결책이 된다.

2. 미래의 브랜드 로열티 역시 브랜드 의사결정에 참고하라

미래의 브랜드 로열티란 '앞으로 과연 이 브랜드가 얼마나 뜰 것인가'에 대해 살펴볼 수 있는 지표다. 인기는 끊임없이 변화한다. 현재의 인기가 영원토록 지속되는 경우는 없다. 반대로 현재 인기 없는 브랜드가 몇 년 후에 대박 브랜드가 되기도 한다. 따라서 미래의 브랜드 로열티를 조사하는 것은 좀더 공격적인 마케팅을 수행해서 브랜드 로열티를 올릴 수 있도록 해준다. 미래의 브랜드 로열티를 규정하는 속성은 다음과 같다.

① 광고가 센세이셔널하고 무척 인상적인가.
② 사람들 사이에 관심거리 내지는 화제나 유행이 되는 브랜드인가.
③ 매장에 이 브랜드가 없으면 이 브랜드를 취급하는 매장이 비록 멀리 있더라고 꼭 가볼 의사가 있는가.
④ 왠지 앞으로 인기가 있을 것 같은 브랜드인가.
⑤ 다른 브랜드보다 이 브랜드를 사용하면 왠지 기분이 좋은가.
⑥ 디자인이나 스타일 면에서 지속적으로 나에게 만족을 줄 것 같은가.

이상의 방법으로 미래의 로열티를 조사해서 그 브랜드에 대한 가능성을 알아볼 수 있다. 가장 정확한 브랜드 로열티는 현재의 브랜드 로열티와 미래의 브랜드 로열티를 비교해서 추출된 결과일 것이다. 브랜드 로열티를 바탕으로 브랜드 전략과 이미지의 전개 방안, 고객관리 방안의 참고자료로 활용해야 한다.

3. 일부 열성 고객을 지켜라

브랜드 로열티를 형성시켜 주는 것은 바로 소비자다. 결국 브랜드의 힘은 소비자에게서 나오는 것이다. 열성 소비자를 얼마나 확보하고 그 소비자층을 유지시키느냐에 따라서 브랜드의 수명이 결정된다고 해도 과언이 아니다. 따라서 열성 소비자를 위한 배려가 브랜드 로열티를 지속시키는 가장 쉬운 전략 중에 하나다. 한번 열성 소비자가 된 사람들은 선호하는 브랜드를 쉽게 바꾸지 않는 성향이 있으며, 아예 경쟁 브랜드는 거부하는 성향을 보이기도 한다. 따라서 이런 소비자들이 나름대로 자아 만족감을 느낄 수 있도록 배려하는 한정된 브랜드 이미지를 따로 만들어줄 필요가 있다. 모든 소비자를 배려하는 마케팅이 아니라, 열성 소비자 한 사람 한 사람에게 개별적인 만족감을 주는 이미지 전략이 무엇보다도 필요하다. 이런 제품은 특히 식품이나 유아용품에서 많이 형성된다. 생활용품의 경우 로열티를 형성하기 힘들지만 한번 형성된 로열티의 경우, 그 식품에 독이 들어 있다는 결과가 나오지 않는 한 절대 무너지지 않는 특징을 갖기 때문이다.

4. 지속적으로 브랜드 자산을 측정하라

부동산 값이 오르고 내리듯, 브랜드 자산 역시 그 개념이 끊임없이 변한다. 브랜드 자산이란 마케팅적으로 금전으로 환산해서 브랜드의 값을 매기는 것이다. 그러나 실제로 그 가치만큼 사고 팔리는 것이 아닌 상징적인 것이기 때문에 금액 자체의 절대적인 수치보다는 상대적인 '가치'의 개념으로 이해하는 것이 바람직하다. 브랜드 가치는 다음과 같이 측정한다.

① 나는 이 브랜드를 좋아하는가.
② 이 브랜드는 선택할 만한 가치가 있는 브랜드인가.
③ 믿을 만한 회사에서 제조한 브랜드인가.
④ 이 브랜드는 다른 브랜드와 구별되는 개성이 있는가.

⑤ 이 브랜드는 전반적으로 품질이 우수한가.

⑥ 이 브랜드는 애프터서비스를 잘 해줄 것 같은가.

⑦ 이 브랜드의 가격이 비싸도 구매하고 싶은가.

⑧ 나는 이 브랜드의 의미를 쉽게 연상할 수 있는가.

⑨ 이 브랜드는 주변 브랜드보다 앞서가는 선도 브랜드인가.

이 사항들의 결과를 통해서 경쟁 브랜드와 비교하여 현재 자사의 브랜드 자산이 어느 정도의 위치에 있는지 알 수 있다. 브랜드 자산의 가치가 분기별로 올라갈 경우, 자사 브랜드의 전반적인 상황이 좋아지고 있다는 것과 브랜드 커뮤니케이션이 효과적임을 알 수 있다. 그 반대의 경우에는 문제점을 파악하고 해결책을 모색할 수 있다. 따라서 브랜드 자산에 대한 정기적인 가치 측정이 필요하다.

5. 브랜드 건강도를 체크하라

우리가 주기적으로 건강 검진을 실시하는 것은 뜻하지 않은 큰 병이 생기는 것을 막기 위해서다. 가래로 막을 것을 석가래로 막는 사태를 방지하기 위함인데 브랜드에서도 마찬가지다. 브랜드의 건강도란 브랜드의 선호율, 주사용률, 거절률, 사용만족도, 브랜드 로열티를 종합적으로 측정해서 브랜드가 어느 정도 활력 있고 건강한지 살펴보는 척도를 말한다.

브랜드 선호율은 앞으로 사용해 보고 싶은 브랜드가 무엇인지를 묻는 것이다. 브랜드 주사용률은 브랜드 사용 경험이 얼마나 되는지를 측정하는 것이다. 브랜드 거절률이란 앞으로 사용하고 싶지 않은 브랜드가 무엇인가에 대한 응답이고, 브랜드 로열티는 브랜드를 얼마나 좋아하는지 측정해 주는 것이다.

브랜드의 건강 검진에 따라서 건강이 우수한 브랜드와 보통 브랜드, 그리고 하위 브랜드로 구분하여 브랜드 관리를 차별화시키는 것이 브랜드 자산을 계속 확장시킬 수 있는 방법이다.

7

브랜드를 법적으로 보호하라

상표와 상표법을 알자

'억울해? 억울하면 법대로 해.'

'법! 그래 좋다. 어디 법대로 한번 따져보자.'

얼마 전, 아내와 함께 동대문 재래시장도 구경하고 요즘에 많이 생긴 대형 쇼핑몰들도 구경하면서 옷을 고르고 있을 때, 한쪽에서 작은 다툼이 벌어지고 있었다. 내용을 들어보니 대략 이런 내용이었다. 한 점포에서 새로 디자인한 티셔츠에 그 티셔츠를 표현하는 로고를 만들어서 붙였던 모양이다. 로고라는 것도 소비자들에게 그 옷을 구매하도록 홍보하는 아주 좋은 브랜드 광고가 되는 부분이다. 그런데 그 티셔츠가 꽤나 인기 있었던 것 같다. 얼마 지나지 않아서 그 티셔츠의 디자인과 로고를 따라한 티셔츠들이 여기저기에서 팔리기 시작했다. 처음 티셔츠를 디자인하고 로고를 만들었던 점포의 주인이 화가 나는 것은 당연한 일일 것이다. 결국 그 티셔츠를 처음 모방해서 만들어서 판 점포의 주인과 싸우고 있었던 것이다.

'당신이 양심 있는 사람이야! 같이 장사하면서 그러면 안 되지.'

'내가 카피했다는 증거가 어디 있어. 우리 가게에서만 그 디자인 파냐고, 눈이 있으면 봐. 다 팔잖아. 그리고 그 디자인 당신이 처음 만들었다는 증거가 어디 있어.'

아내의 재촉으로 어쩔 수 없이 자리를 뜨긴 했지만 결과가 궁금하지 않을 수 없었다. 백화점에서 명품이라고 불리는 물건이 새로 출시되기가 무섭게 보세 시장에 카피 제품이 나오는 곳이 한국이라고 한다. 얼마나 카피 시장이 발달했는지 카피 제품에도 등급이 매겨지고, 소위 A급이라고 불리는 카피 제품의 경우에는 진품과 거의 구별할 수 없을 정도의 품질을 보여주기까지 한다. 처음 제품을 만들고 브랜드를 만드는 사람들에게 이런 카피 제품은 그동안의 노력을 물거품으로 만드는 독약과도 같다. 따라서 이런 문제를 막기 위해 브랜드의 법적 보호가 필요한 것이다.

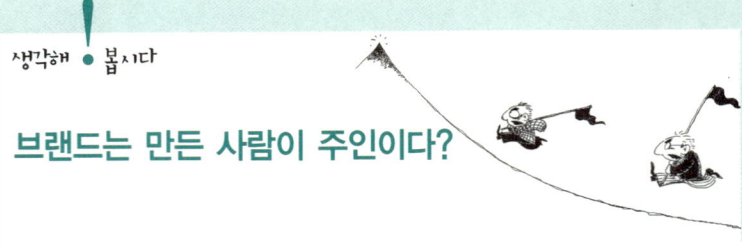

브랜드는 만든 사람이 주인이다?

전화기를 발명한 사람은 그레이엄 벨(Alexander Graham Bell)이다? 대부분 그렇게 알고 있지만 사실이 아니다. 벨보다 먼저 전화기를 발명한 사람은 안토니오 메우치(Antonio Meucci)다. 하지만 벨이 먼저 특허를 냈기 때문에 많은 사람들이 그레이엄 벨을 최초의 전화 발명자로 기억한다.

상품의 특허라는 제도 역시 그것을 만든 사람의 권리가 보호받고 있다. 그렇다면 브랜드도 그럴까? 대답은 '예스'다. 나라마다 약간의 차이가 있지만 대부분의 나라가 그렇고 세계적인 추세가 선출원주의라는 개념을 따르고 있다. 즉, 브랜드를 먼저 사용한 사람보다 먼저 등록한 사람에게 그 권리를 부여하고 있다. 등록우선제도가 때로는 분쟁을 불러일으키기도 한다.

얼마 전 TV드라마 '대장금'이 인기리에 방송을 마치면서 대장금 특수를 노리는 개인과 사업자 사이에 작은 전쟁이 일어나고 있다. 특허청에 '대장금' 상표를 등록한 사례가 줄을 잇고 있어 향후 '특허 분쟁'이 생길 가능성이 커지고 있는 것이다. 특허청에 따르면 지난 5월 이후 '대장금'을 상표로 출원한 개인과 사업자가 13일 현재 28건에 달하는 것으로 집계됐다. 특히 드라마 '대장금'을 방영하고 있는 MBC와 MBC보다 하루 빠르게 상표 출원을 한 웅진식품 간 '상표 분쟁' 가능성이 커지고 있다.

MBC의 경우 지난 10월 15일 100여 개에 달하는 종류(코드)로 상표를 출원했으나 이미 지난 5월 26일 최모씨가 특허청에 '대장금' 상표를 출원했으며, 웅진식품이 MBC보다 하루 빠른 10월 14일에 '대장금' 상표를 출원하는 등 개인과 사업자가 이미 MBC보다 앞서 발 빠르게 11건의 상표를 출원했다.

'대장금'의 라이센싱을 대행하는 고려라이센싱(대표 조태봉)에 따르면 MBC와 웅진이 지난 10월 10일 브랜드 마케팅 협의에 돌입, 서너 차례 논의를 거쳤으나 돌연 10월 15일 웅진 측이 '자사의 방향과 맞지 않다'고 주장, 협의가 무산됐다는 것이다.

'선수를 빼앗긴' MBC와 고려라이센싱 측은 향후 웅진 측이 '대장금' 관련 상품을 생산할 경우 상표 사용 금지 가처분 신청 또는 상표 등록 무효 소송 등 강한 법적 대응에 나설 것이라고 밝혀 '상표 분쟁'이 벌어질 수도 있음을 시사했다.

현재 MBC, 웅진식품 외에도 대장금 상표를 출원한 기업은 롯데삼강, 롯데제약, 도도화장품 등 모두 다섯 곳, 개인이 상표를 출원한 경우도 14건이나 된다. 상표 출원 후 등록이 완료되는 시간은 대개 1년 정도 걸리므로 아직 어느 누구도 상표 등록에 따른 완전한 배타적 지위를 누리지 못하고 있는 상태다.

발 빠른 사람의 선택이 브랜드의 진정한 주인을 만들어준다. 안토니오 메우치가 전화기를 발명하고도 역사책에 등장하지 못했던 것처럼 대박 브랜드를 만들기만 할 것인가, 아니면 대박 브랜드로 부자가 될 것인가는 바로 '누가 먼저 등록했는가'에 달려 있다.

상표등록의 기준

"상표 하나 구입하러 왔습니다."

"상표? 그래 돈은 가지고 왔는가?"

"예, 제발 이름 하나만 주십시오. 도대체 이름을 구할 수 있는 곳이 없습니다."

상표든 이름이든 등록한 사람만이 권리를 갖는 세상이 온다면 혹시 이런 일은 발생하지 않을까. 발 빠른 사람이 모든 상표와 이름이란 이름은 모두 독점해 버린다면 어떻게 될까. 사람들은 제품을 만들어도 이름을 붙일 수 없을 것이다. 어떤 이름을 붙여도 모두 그 사람이 상표의 독점권을 이미 가지고 있기 때문이다. 숫자와 간단한 기호 등으로 상표를 만들어 사용하던 사람들은 결국 그 사람에게 막대한 돈을 주고 상표를 구입해서 쓰기 시작할 것이다. 상상이 너무 지나치다는 생각이 드는가. 하지만 등록주의 제도를 선택하는 우리나라에서 이런 상황이 발생하지 말라는 법도 없다. 만약 김치라는 이름을 어떤 사람이 상표로 등록했다고 가정해 보자. 그 사람은 김치라는 이름의 독점권을 가지면서 다른 어떤 사람도 김치라는 이름이 들어간 상표를 사용하지 못하도록 만들어버렸다. 만약 그런 상황이 발생했다면 우리는 지금쯤 김치를 다른 이름으로 불러야 할지도 모를 일이다.

자신의 상품을 다른 상품과 구별해서 소비자들에게 그 상품을 인

식하고 선택하도록 하는 것, 그것이 상표가 만들어진 이유다. 상표
법에서는 몇 가지 기준에 따라 상표가 일정한 조건을 통과하지 못할
경우에는 등록을 허용하지 않는다.

상표는 자기 상품과 타인의 상품을 구별하는 힘, 즉 식별력이 있어야 하고 일
정한 공익적, 사익적 부등록 사유에 해당되지 않아야 등록이 가능하다.

등록될 수 없는 상표 예시

구분	설명	예시
보통명사	그 상품의 명칭을 그대로 나타낸 경우	스낵제품 → Corn Chip 과자 → 호도과자
관용적 표현	특정 종류의 상품에 관용적으로 쓰이는 표현을 사용한 경우	청주 → 정종 직물 → Tex
성질표시	산지를 표시한 경우	사과 → 대구
	품질을 표시한 경우	Super
	원재료를 표시한 경우	넥타이 → Silk
	효과나 효능을 표시한 경우	복사기 → Quick Copy
	형상을 표시한 경우	Slim, 대형, 캡슐
	생산, 가공방법을 표시한 경우	농산물 → 자연 농법
	상품의 사용 시기를 표시한 경우	타이어 → 전천후
잘 알려진 지명과 성	잘 알려진 지리적 명칭 및 자연인의 성, 단체를 표시한 경우	금강산, 뉴욕, 이씨, 조합

법에서는 등록될 수 있는 상표의 조건을 이렇게 제한하고 있다. 법이라는 것이 원래 어려운 표현을 자주 일삼다 보니 막상 이렇게만 듣고 보면 과연 어떤 것들이 상표로 등록되고 등록될 수 없는지 막연하기만 하다.

그 기준을 조금 풀어놓으면 다음과 같다.

보통명사는 안 된다

'아버지를 아버지라 부르지 못하고 형을 형이라 부르지 못하는 슬픔을 아십니까.'

상표를 등록하기 위해서 가장 많이 걸리는 문제가 바로 상품에 대한 일반명칭을 사용하지 못한다는 점이다. 말 그대로 상표법에서는 설탕을 설탕이라 부르고, 자동차를 자동차라고 부르는 것을 금지하기 때문이다.

'스팸, 다이어트라, 아몬디아'

이들 브랜드의 공통점을 알겠는가. '스팸'은 햄이라는 단어를 직접적으로 사용할 수 없는 것을 감안해서 단어를 변형시킨 것이다. 그리고 '다이어트라', 역시 끝에 '라'는 말을 붙임으로서 보통명사에서 벗어난 것이다. '아몬디아' 역시 아몬드라는 보통명사를 변형시킨 브랜드의 예이다.

사실 일반적인 보통명사가 가장 좋은 상표다. 모든 사람이 알고 있고 그 제품의 특성을 가장 직설적으로 솔직하게 표현해 주는 힘을 가진 것이 바로 보통명사다. 하지만 어느 한 사람이 보통명사를 독점해 버린다면 그 불편함은 이루 말할 수 없을 것이다. 이 때문에 보통명사는 법적으로 상표등록이 금지되어 있다.

그럼에도 보통명사를 약간씩 변형시킨 상표들이 끊임없이 나오는 것은 보통명사를 사용했을 경우, 소비자들은 이미 알고 있는 보통명사의 이미지를 함께 떠올리기 때문에 새로운 브랜드에 대해서 더 잘 기억할 뿐만 아니라 거부감도 적게 느끼기 때문이다. 하지만 지나치게 적게 변형한 경우에는 비록 변형을 시켰다고 할지라도 등록이 거절되는 경우도 있다. 삼순이를 삼숲이로 고친다면 너무 속보인다고 할까.

관용적으로 사용되는 단어는 허용되지 않는다

'정종'은 예전부터 어른들에게 인사드리는 선물로 사랑받아 왔다. 하지만 정종의 원래 이름은 정종이 아니다. 정종은 '청주'의 한 상표일 뿐이다. 하지만 이제는 청주라는 말보다 정종이라는 말이 더욱 잘 어울린다고 할 만큼 더 이상 하나의 상표가 아닌, 청주를 표현하는 또 다른 언어가 되어버렸다. 이렇게 오랫동안 관용적으로 사용되어 왔을 경우 상표법에서는 상표등록을 허용하지 않는다. 이미 그 단어는 사람들 사이에서 보통명사화됐다고 생각하기 때문이다.

성질표시는 불가능하다

"'한산모시'를 입고, '고소해 과자'를 먹으면서, '콩두부'로 점심을 때우고 식당을 나오는데 글쎄 '학생용가방'과 나란히 두었던 신발 밑창이 떨어졌지 뭐야. 그래서 '강력본드'로 밑창을 붙이고 나오는데, 주인이 커피 한 잔을 주더라고. 그런데 커피가 너무 쓰더군. 그래서 내가 좋아하는 '100g표 설탕'을 한 숟가락 넣고 휘휘 저어 마시면서 나왔지. 주머니에서 '소형라디오'를 꺼내서, 아까 고친 '수제구두'를 신고 기분 좋게 나오면서 가게에 들러서 '300원표 라면'이랑 '식전소화제'를 하나 사고 집으로 돌아왔지. 여기까지가 오늘 나의 하루야."

이 사람의 일상에 등장하는 수많은 상표들은 모두 상표등록을 할 수 없는 상표들이다. 과연 몇 가지가 될까? 상표법에서는 상표에 직접적인 성질표시를 허가하지 않는다. 성질을 표시하는 것은 누구나 자유롭게 사용하고 있기도 하지만 누구 한 사람이 독점하면 다른 사람들의 표현에까지 불편을 준다고 생각하기 때문이다. 그리고 타사 제품과도 구별할 수 있는 기준이 되지 않는다고 판단해서 성질표시 역시 상표등록을 허가하지 않는다. 앞에 나온 사람의 일상 속에 등장했던 상표들이 성질표시 상표라고 고려되는 기준들이다.

상품의 산지(한산모시), 품질(고소해 과자), 원재료(콩두부), 용도(학생용가방), 효능(강력본드), 수량(100g표 설탕), 형상(소형라디오),

생산방법(수제구두), 가격(300원표 라면), 사용방법과 시기(식전소화제)와 같이 성질을 표시해 주는 기준이 되는 말들은 누구나 사용할 수 있도록 상표등록이 허용되지 않는다. 많은 사람들이 사용하도록 하기 위한 배려가 아닐까.

변형된 지명과 성

'붕어빵에 붕어가 들어갔을까?'

이러한 황당한 질문이 유행한 적이 있다. 생긴 모양도 붕어랑 비슷한 붕어빵에는 붕어가 없다. 달콤한 단팥만이 가득 들어 있을 뿐이다. 이런 질문이 나오는 이유는 붕어라는 단어와 모양에서 오는 연상 작용 때문일 것이다. 예전에는 빵집 이름 중에 유난히 외국 지명을 딴 가게들이 많았다. 뉴욕제과, 파리제과 등 한번쯤 사람들이 가보고 싶어 하는 지역들이 빵집 간판에 떡 하니 걸려 있는 모습을 많이 볼 수 있었는데, 한국에서 만든 것이지만 왠지 그 빵집에서 빵을 사먹으면 뉴요커나 파리지엔느가 된 것 같은 상상이 들지 않는가.

상표법에서는 이처럼 많이 알려진 지명을 상표로 사용하는 것을 허용하지 않는다. 예전의 빵집 정도야 큰 문제가 안 되었지만 제품에 이름을 사용하면서 그 영향력이 달라지기 때문이다. 한국에서 생산한 제품에 파리라는 말을 붙일 경우 소비자들은 그 제품을 프랑스에서 만든 제품으로 잘못 알 수 있는 가능성이 있다. 따라서 뉴욕, 파리, 필라델피아, 케임브리지, 할리우드, 맨해튼 등 외국의 유명 지역의 이름 역시 상표등록을 허용하지 않는 것이다. 그렇다면 한국의 지명들은 상표등록이 허용될까? 물론 한국의 지명 역시 상표등록이 허용되지 않는다. 하지만 유명 지역일 경우에도 이름을 변형시킬 경우 상표등록이 허용되기도 한다. '이랜드'의 경우, 사실은 잉글랜드라는 지명에서 따온 것이다. 영국적인 분위기를 브랜드에 심어서 고급화시키려는 의도에서다. 그런데 잉글랜드가 상표등록이 안 된다는 사실을 알고, 잉글랜드라는 단어에서 'ng'를 빼고 이랜드라는 말로 변형을 시켰다. 그 결과, 상표등록 기준을 통과할 수 있었다.

그 외에도 김, 이, 박처럼 한국 사람들의 성 역시 상표등록이 허가되지 않는다. 그리고 네모, 세모처럼 지나치게 단순한 기호나 두 자리 이하의 숫자, 한 글자의 한글과 한두 철자의 알파벳처럼 너무 간단해서 다른 상표와의 구별이 어려울 가능성이 있는 상표 역시 등록이 허용되지 않는다. 그리고 태극기처럼 국가나 공공단체를 상징하는 것 역시 상표등록이 되지 않는다. 상표는 많은 사람들을 상대로 그 제품을 알리는 역할을 하는 만큼 상표를 만드는 사람들은 사람들에게 좀더 다가가기 쉬운 것을 찾는다. 따라서 일반적으로 많은 사람들이 알고 있거나 사용하는 것들이 대부분이다. 물론 많은 사람들이 골고루 사용할 수 있도록 하기 위해서 가장 일반적인 것일수록 상표등록을 허용하지 않는 것이 바로 상표법의 기준이다. 하지만 작은 변형에는 너그러운 것이 상표법이기도 하다. '가장 일반적인 것이 가장 좋다'는 말이 있다. 상표법에서 이 말을 '조금은 변형된 일반적인 것이 좋다'라는 말로 고쳐보는 건 어떨까.

상표 디자인의 기준

'안흥 찐빵에 단팥이 없다.'

'결혼식에 신부가 없다.'

'양복을 입었는데 구두가 없다.'

찐빵에 단팥이 없다면 결혼식에 신부가 없다면 양복을 입고 구두가 없다면, 뭔가 허전할 수밖에 없다. 음료수의 이름처럼 '2%부족할 때'가 아니라, 정말 50퍼센트 허전할 때가 아닐 수 없다. 상표에서 디자인을 뺀다면 그것 역시 50퍼센트 허전할 때가 되고 만다. 흔히 디자인이라고 생각하면 상품을 만들 때, 상품의 외형적인 면을 이미지화하는 것에서 그 생각이 멈추기 쉽다. 하지만 물건을 아름답게 만드는 일뿐 아니라 상표에 있어서도 디자인은 소비자를 유혹하는 가장 중요한 역할을 한다.

한국에서 배낭여행을 하는 친구들 사이에서 초보 배낭여행객들에게 꼭 해주는 충고가 있다고 한다. '어느 지역에 가든 기차역에서 내리자마자, 가장 먼저 노란색 M을 찾아라.' 노란색 M이 무엇일까?

처음에 이 말을 듣고 어리둥절해하는 내게 여행을 다녀온 후배가 이렇게 귀띔해 주었다.

"선배님, 왜 노란색으로 M간판을 크게 만들어놓은 햄버거집 있지 않습니까. 맥도날드. 거기에서 지도도 얻고 화장실도 무료로 쓰고 그러라는 말이죠."

알고 보니 맥도날드에서는 맥지도라는 것을 만들어서 매장에서 나눠주고 있는데, 그 지역의 맥도날드 위치가 자세히 표시되어 있다고 한다. 맥도날드 위치를 자세히 표시하기 위해서 주변 지역의 지도 역시 아주 자세히 잘 나와 있다고 하니 길을 모르는 여행객들에게 맥도날드 지도는 소리 없는 가이드의 역할을 톡톡히 해주는 셈이다. 게다가 배낭족들의 경우 맥도날드를 만남의 장소로도 많이 이용한다고도 한다. 그런데 이때 도움을 주는 것이 바로 맥도날드의 상징인 노란색, M마크다. 크기도 크기지만 어디서든 선명하게 보이는 노란색 때문에 더욱 인기를 얻는 것이다.

상표는 소비자들이 그 표시를 보고 물건을 사고 싶도록 만드는 역할을 한다. 따라서 소비자들은 상표를 보고 바로 그 제품을 연상하고 제품을 구입한다. 따라서 상표는 눈으로 보여지는 제2의 제품이다. 이런 상표를 어떻게 디자인 하는가 하는 문제는 상표에 있어서 가장 중요한 문제다.

상표의 종류에는 문자 상표, 도형 상표, 기호 상표, 결합 상표가 있다. 대부분의 상표는 문자나 간단한 기호 등으로 상징화된 경우가 많다. 하지만 디자인 분야로 넘어오면 좀더 세분화된다. 디자인에서는 크게 그래픽 심벌과 일러스트레이션으로 분류한다. 그리고 그래픽 심벌은 또 포노그램과 로고그램으로 구별된다.

쉽게 말해서 상표를 디자인할 때, 상표를 문자나 간단한 기호로 표현할 것인지, 그림이나 조형적인 표현을 할 것인지 먼저 구별해야 한다. 그리고 문자나 기호로 결정했다면 글씨체를 아름답게 디자인할 것인지, 로고나 상징으로 표현할 것인지를 또 결정해야 한다. 이때 글씨체만을 아름답게 디자인하는 것을 포노그램이라고 하고, 일상생활에서 볼 수 있는 사물이나 상징이나 기호들을 간단하고 기억하기 쉽게 표현하는 것을 로고그램이라고 한다.

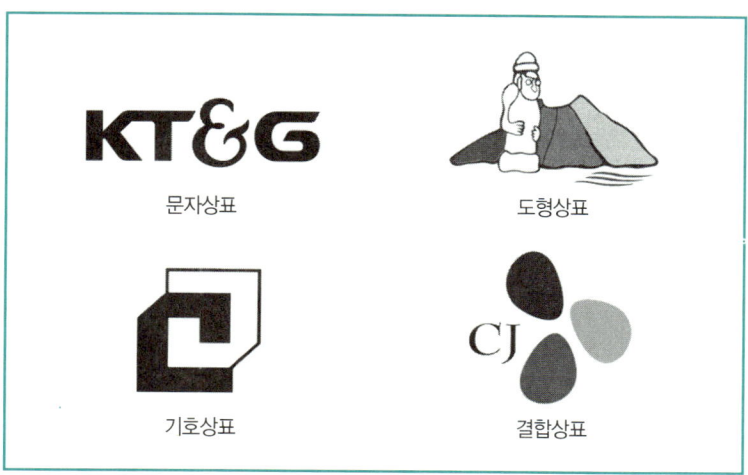

상표의 종류

포노그램에는 문자 로고와 로고 타입이 있다. 문자 로고는 회사의 긴 이름을 줄여서 사용하는 단어를 말하는데, 단어로서는 발음이 불가능한 것이 대부분이다. IBM, 3M 등과 같은 것이 대표적인 문자 로고다. IBM을 '아이브므' 이렇게 읽는 사람을 없을 테니 말이다. 이런 문자 로고는 흔히 아이덴티티 네임이라고도 한다.

포노그램의 한 종류인 로고 타입은 문자 로고와는 다르게 발음이 가능한 문자로 된 단어로, 주로 회사나 단체, 상품 등을 표시하는 상표가 대부분이다. 현대, 대우, exxon 등이 문자 로고에 속한다. 포

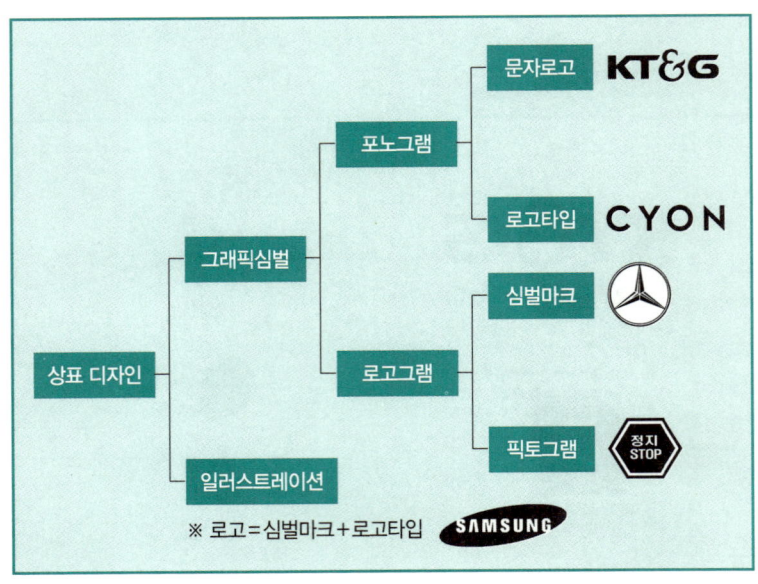

상표 디자인의 종류와 예시

노그램은 문자 그대로를 사용하는 것이기 때문에 얼마나 간결하면서도 시각적으로 호감이 가도록 만드느냐가 상표의 관건이다.

로고그램의 경우에는 심벌 마크와 픽토 그래프가 있다. 심벌 마크는 회사나 단체를 상징하는 표시로, 주로 문자 없이 마크만 표시되는 것이 대부분이다. 회사의 개성을 가장 잘 드러내는 것이 마크다. 반면에 픽토 그래프는 많은 사람들이 언어에 상관없이 알아볼 수 있는 마크를 의미한다. 공공 심벌, 방향, 안전, 수송 등을 표시하는 상징으로 많이 사용되는 마크다.

이런 포노그램과 로고그램이 합쳐진 것이 바로 로고다. 문자와 심벌 마크가 합쳐져서 회사나 상품의 이미지와 함께 이름까지 동시에 알려주는 역할을 한다. 이런 과정을 거친 대부분의 디자인들은 상표로서 등록이 가능하다.

삽화의 경우는 어떨까?

포장지에 표현되는 특징적인 꽃무늬 모양의 디자인은 상표등록이 가능할까? 물론 가능하다. 캐릭터 성격이 짙은 일러스트의 경우 상표등록이 허용된다. 최근 많은 인기를 끌고 있는 캐릭터와 마스코트 역시 모두 상표등록이 가능한 것들이다.

그림이나 문자 등 모든 것들이 상표등록이 가능하다면 과연 상표등록이 안 되는 상표 디자인은 없는 걸까? 상표 디자인은 간단하고 상징적으로 소비자들의 시선을 한번에 끌어당기는 것에 그 목적이 있다. 그런데 재미있게도 상표등록을 받을 수 없는 가장 큰 조건은

알파벳 1~2자 이하는 원칙적으로 등록이 불가능하지만 약간의 변형을 통해 상표등록을 할 수 있다.

바로 간단함에 있다.

'간단하면 사람들이 기억하기 쉬울 거야.' 이런 생각으로 지나치게 간단하게 만들었다가는 상표등록이 허용되지 않는 경우를 맞을 수도 있다.

기본적으로 상표의 경우, 한글 한 글자, 알파벳 한두 철자 이하의 상표는 원칙적으로 상표등록을 금지하고 있다. '우리는 최고의 상표니까 상표를 A로 해야지'라고 생각해도 등록이 허용되지 않기 때문에 그 상표를 포기해야 하는 일이 발생할 것이다. A, AB, 한 등과 같이 지나치게 간단한 글자는 상표등록을 받을 수 없다. 그러나 알파벳 한두 철자, 또는 한글 한 글자라도 하더라도 만약 그 문자를 도형적인 느낌으로 변형시킬 수만 있다면 상표등록이 허가되기도 한다.

100 이하이 숫자에 대해서는 상표 등록을 허용하고 있지 않지만, 디자인으로 기호화할 때는 등록이 가능하다.

| 숫자 변형의 상표등록 |

숫자의 경우에도 역시 100이하의 숫자에 대해서는 상표등록이 허용되지 않는다. 그러나 우리 주위에는 100이하의 숫자 상표 등을 만날 수 있는데, 이것이 바로 디자인의 힘이다. 비록 100이하의 숫자를 등록할 수는 없지만 디자인으로 변형시켜 기호처럼 보이는 숫자의 경우에는 상표등록이 허용되기 때문이다.

| 도형 변형의 상표등록 |

도형 역시 지나치게 간단한 도형은 상표등록을 받을 수 없다. 하지만 그 도형을 디자인을 통해서 변형시킨다면 상표등록이 허용되곤 한다.

상표의 경우, 일반적이거나 지나치게 단순화된 문자나 기호에 대해서 상표등록을 허용하지 않는다. 그러나 따로 떼어서 생각할 수

너무 간단하여 상표등록이 안 되는 도형의 예	간단하기는 하나 약간의 변형으로 상표등록이 된 예	
○	⊖	◗
△	▽?	▲
◎	▲	◈
▭	▼	⬟

너무 간단하고 흔히 사용되는 도형은 상표등록을 받을 수 없지만, 이들도 변형을 통해 등록이 가능하다.

없는 상표 디자인에 따라 간단한 문자와 숫자는 새로운 모습으로 다시 태어나 소비자들에게 다가갈 수 있는 상표로 등록되곤 한다. 로미오가 줄리엣이 없다면 생명의 빛을 잃는다고 말하듯, 춘향이가 이도령 없이는 살아도 의미 없다고 말하듯, 상표 역시 상표에게 새로운 옷을 입혀주는 디자인 없이는 그 빛을 발휘하지 못한다. 포노그램, 로고그램, 일러스트 등 상표를 표현하는 방법은 다양하다. 상표 디자인에서 가장 중요한 것은 바로 제품과 기업의 이미지를 가장 잘 표현할 수 있는 이미지를 찾아서 끊임없이 노력해 매력적으로 갈고 다듬어주는 일이다.

상표출원의 과정

법이라면 많은 사람들은 전문가부터 찾는다. 사람들은 어려운 한 자들로 가득한 법전에서부터 기가 죽기 십상이다. 그러나 상표등록 을 하는 과정은 생각보다 그리 어려운 것은 아니다.

먼저 출원하고자 하는 상표가 이미 등록돼 있지는 않은지 전문가 에게 의뢰해 철저하게 검색해야 한다. 그런 다음 상표등록 확률이 높다고 판단될 경우 출원 절차를 밟는다.

우선 상표를 등록하기 위해서는 출원인 코드를 받아야 한다. 이는 개인 혹은 법인 단위로 받는 고유번호로, 특허 분야의 주민등록번호 라고 할 수 있다. 출원인 코드는 출원인 코드 신청서를 작성해 특허 청에 제출함으로써 가질 수 있다. 출원인 코드를 받으면 특허청의 전자문서(출원서, 의견서 등)를 이용할 수 있어 온라인상으로 관련 업무를 처리할 수 있는 장점이 있다.

검색을 통과한 상표는 상표등록 출원서 1부와 상표 견본 1매를 제출함으로써 출원 절차를 마무리한다. 상표 견본은 가로세로 7센 티미터다. 또 온라인 제출시에는 출원비가 5만 6,000원이며 특허청 에 가서 직접 서면 제출하면 6만 6,000원이다.

이렇게 서류를 제출하고 난 후에는 기다리는 일만이 남는다. 상표 출원서를 특허청에 제출하고 출원이 완료되면 특허청에서는 출원 번호 통지서를 보내준다. 그리고 상표출원이 완료되었다는 확인으

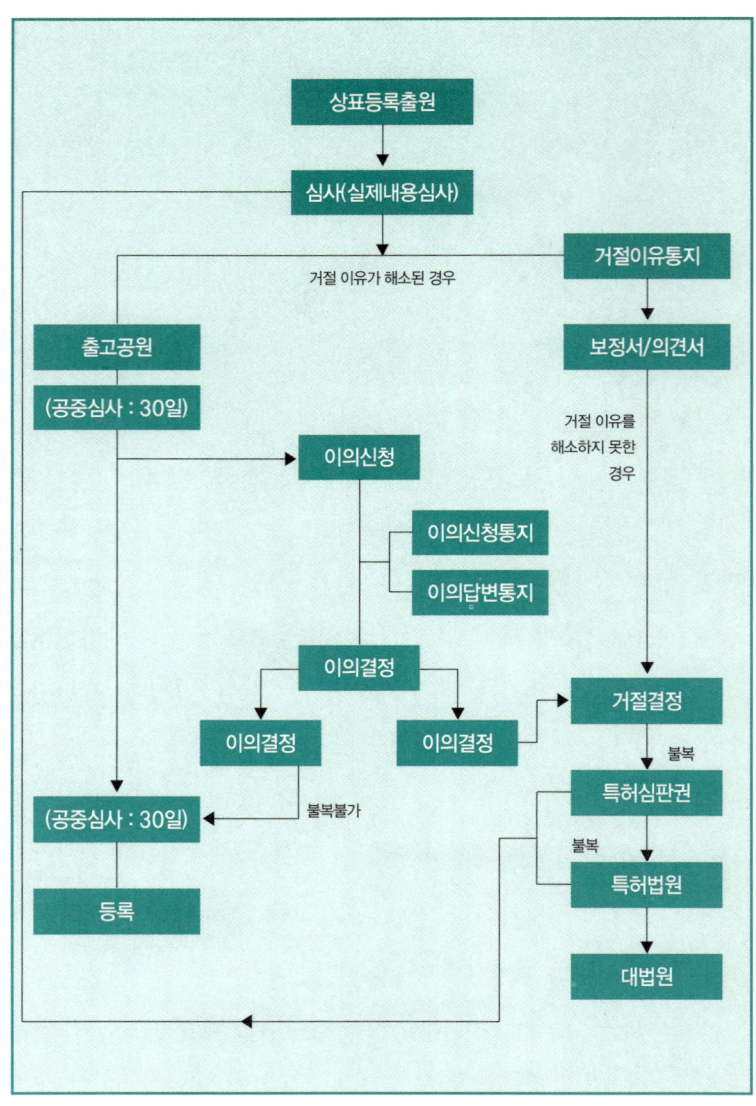

상표출원 및 등록절차

로 고유의 출원번호를 받는다. 물론 이때 받는 번호는 상표등록번호와는 다른 것이다.

특허청에서는 출원된 순서대로 출원 심사를 한다. 따라서 동일한 상표에 대해서 먼저 제출한 서류가 우위를 차지하는 것이다. 심사에 통과되면 출원공고라는 절차를 받는다. '이 상표가 이렇게 출원되었으니 이의가 있는 분은 지금 말하십시오'라고 상표 공보에 해당 상표를 알리는 것이다. 이때 이의 신청에 대해서는 상표출원자에게 답변할 기회가 주어지며, 심사관이 이의 신청을 검토한 결과에 의해서 등록이 결정된다.

이런 결과를 거쳐서 최종적으로 심사에 통과되면 '등록결정이 되었다'라고 표현한다. 이때, 10년분의 등록료를 일시 납부한다. 상표의 수명이 10년으로 정해지고 10년마다 갱신해야 하는 이유도 여기에 있다. 출원 상표에 대해서는 이제 상표등록 고유번호라는 고유번호가 주어지고, 상표에 '상표등록 제000호' 또는 'R'표시를 할 수 있다. 한마디로 이 표시로 인해서 '이 상표는 등록된 것이므로 따라 하지 마십시오'라는 직간접적인 권리를 표현하는 것이다. 대개 출원에서 등록까지 10개월에서 1년 정도의 시간이 필요하다. 하나의 상표를 내 것으로 만들기 위해서는 인내심도 필수이다.

상표등록이 성공적으로 끝난 다음에 중요한 것은 끊임없이 그 상표에 대해서 유사상표가 나오지 않도록 견제하면서 소비자들의 마음을 사로잡을 수 있도록 그 상표를 개발하고 발전시키는 것이다.

당신이 대기업의 브랜드 마케팅 작업을 하든지, 중소기업에 있든지 아니면 작은 구멍가게를 하나 차리는가 하는 문제는 중요하지 않다. 브랜드 작업에서 이제 중요한 것은 주위의 작은 것 하나라도 브랜드화시킬 수 있는 안목과 용기다. 물론 이런 용기에는 소비자에 대한 조사가 뒷받침되어야 한다.

최근 들어서 대기업의 제품들뿐만 아니라, 국가, 학원, 음식점, 신발가게에서 밥상에 오르는 작은 반찬에 이르기까지 많은 것들이 브랜드화되어 가고 있다. 시대를 거스를 수 없다면 시대를 앞서가는 것이 현명한 삶의 방법이다. 브랜드 시대 속에서 당신은 어떤 길을 선택하겠는가.

글로벌 브랜드도 법적으로 보호하자

파리로 여행을 다녀온 친구가 샹젤리제 거리에 있는 극장에 다녀왔던 이야기를 해주었다. 흔히 생각하는 대로 겨울임에도 불구하고 맑은 날씨에 많은 사람들이 노천카페에 앉아 있는 모습이 아주 여유로워보였다는 칭찬을 아끼지 않았다. 예술의 도시로 유명한 파리에 와서 문화생활을 빼놓고 갈 수 없다고 생각한 친구는 그래도 부담이 조금 적은 영화 관람을 문화생활로 선택했다. 개봉 첫날이라 많은 사람들이 줄을 서서 영화표를 사고, 설레는 마음으로 극장으로 들어

가서 영화를 기다렸다. 마치 공연장에서 공연이 시작되는 것처럼 스크린 앞을 가리던 막이 열리고, 영화가 시작되기 전, 광고들이 시작되었다. '어! 어!' 광고를 보던 친구는 너무나 반가운 나머지 이 말만 내뱉었다. 너무나 익숙한 제품이 그 커다란 화면을 채우기 시작했던 것이다. 바로 삼성에서 만든 휴대폰 광고가 파리 샹젤리제 거리 한복판의 극장 스크린을 가득 채우고 있었다. 외국에 나가면 누구나 애국자가 된다더니 그 친구 역시 예외는 아니었던 모양이다. 프랑스인들 사이에서 '아이 엠 코리언! 삼성 넘버원'을 말했다고 한다.

"야, 그거 사실 돈 주고 하라고 그래도 못할 텐데 그때는 무슨 정신으로 그랬는지 모르겠다."

친구의 경험처럼 외국 도로에서 달리는 국산 자동차를 우연히 만나는 일, 외국 백화점에서 국산 가전제품을 만나면 여간 반가운 일이 아닐 수 없다. 예전과는 달리 국산 제품들이 외국에 진출하는 비율이 커지면서 이제는 크게 신기한 일이 아니지만 그래도 반가움이 쉽게 가시지 않는 걸 보면 외국에 가면 애국자가 된다는 말이 맞는 것 같다. 이렇게 국내 브랜드들이 눈에 띄게 해외로 많이 진출하면서 해외에서 상표를 보호하는 일이 중요하게 대두되기 시작했다. 상표의 경우, 국제적으로도 그 브랜드를 세계 사람들에게 인식시키는 마케팅의 핵심이라고 할 수 있다. 그럼에도 많은 기업들이 해외 진출을 하면서 상표를 보호받지 못해 어려움을 겪는 경우가 많은 것도 사실이다. 문제는 국제적인 상표권이 존재하지 않는다는 데 있다.

그리고 세계적으로 통일된 상표등록 체계 역시 존재하지 않는다. '로마에 가면 로마법을 따르라'라는 말이 그대로 적용되는 것이 바로 국제상표법의 현주소다. 전 세계 각국은 나름대로 독자적인 상표법을 통해서 각자의 권리를 인정해 주고 있다. 그러나 아무리 한국에서 상표등록을 하고 법적인 보호를 받던 상표라고 할지라도, 해외로 나가는 순간 그 상표에 대한 보호막은 무용지물이 된다고 해도 과언이 아니다.

실제로 미국에서는 성과 지역 이름, 묘사적인 상표라고 할지라도 충분한 사용 실적만 증명된다면 상표로 인정하고 있다. 그러나 우리나라의 경우 성과 유명한 지명, 묘사적인 상표의 경우 상표등록 허가를 내주지 않는다. 또한 상표를 사용하는 상품의 서비스에 대한 분류 역시 전 세계적으로 통일되어 있지 않은 실정이다.

이러한, 어려움에도 불구하고 상표를 등록해야 하는 이유는 무엇일까? 그것은 바로 대부분의 국가들이 등록된 상표에 대해서는 많은 이익을 부여하기 때문이다. 상표를 보호하기 위해서 상표등록은 꼭 거쳐야 할 통과의례처럼 중요해졌다.

사용주의를 허가하는 일부 국가를 제외하고 대부분의 국가에서는 등록주의를 허가하고 있다. 등록주의를 허가하는 나라에서 부여하는 이점은 다음과 같다.

1. 상표를 등록한 경우, 그 상표에 대한 상표권자의 소유권을 인정하고 보장

해 준다.

2. 상표 침해가 발생했을 경우, 소송에서는 상표권자에게 실제적, 절차적 이득을 보장해 준다.

3. 상표권을 공고해서 다른 사람들이 동일하거나 유사한 상표를 만들지 못하도록 한다.

4. 동일한 상표를 등록할 경우, 특허청에서 이를 거절한다.

5. 지방세관에 등록함으로써 상표 침해 상품의 비합법적인 수입을 방지해 준다.

전 세계적으로 법과 절차는 다르다고 할지라도 상표권자들이 자신의 상표를 지킬 수 있는 여건과 권리를 부여해 준다는 점은 같다. 이런 상황에서 가장 효과적인 대응방법은 바로 각 국가별로 상표전문가를 통해서 상표를 출원하는 것이다. 로마에 가면 로마법을 따르라는 말을 충실히 시행하는 것이 가장 효과적인 대응책이다.

세계 각국의 문화와 생활습관이 다르다 보니, 상표를 출원할 때 언어적인 문제가 가끔 발생하기도 한다. 세계에서 가장 발음하기 어려운 언어라는 평가를 받고 있는 한국어의 경우, 종종 외국인들이 상표 자체를 발음하기 힘들어하는 경우가 발생하기도 하고, 국가나 문화에 따라서 같은 말이 전혀 다르게 해석되는 경우가 발생하기도 한다.

대개 문자로 된 상표에서 이런 문제가 발생하는데, 이럴 때 해결법이 되는 것이 바로 디자인이나 로고다. 누구나 알아보기 쉬운 로고가 문자보다는 소비자들에게 더 쉽게 다가가면서 문자로 인해서 생길 수 있는 문제점들을 막아주는 장점을 가진다. 맥도날드의 노란색 M이라는 로고가 전 세계 어느 곳에서나 인기를 얻을 수 있었던 것은 문자보다는 쉽게 인식될 수 있는 로고를 만들고 자신의 로고를 잘 지켰기 때문이다.

브랜드를 법적으로 보호하기 위한 실행 tip

1. 브랜드 검색은 반드시 외부 전문가를 활용하라.

2. 상표등록이 필요 없는 브랜드도 있다.

3. 꼭 필요한 브랜드는 기존 등록권자로부터 구입하라.

4. 중국과 미국에서의 브랜드 검색도 필수적이다.

5. 개인 서비스업자도 브랜드를 법적으로 보호해야 한다.

1. 브랜드 검색은 반드시 외부 전문가를 활용하라

'법대로 해! 법대로!'라고 하지만 사실 법이라는 것은 두꺼운 법전의 두께만큼이나 골치 아프고 복잡하다. 브랜드를 법적으로 등록하기 위해서 가장 먼저 해야 할 것이 바로 특허청에 이 브랜드가 상표등록이 되어 있는지, 유사 상표로 출원되어 있는지를 확인하는 것이다. 만약 이 단계가 허술해서 후에 동일 상표가 이미 등록되어 있거나 유사 상표로 등록된 것이 밝혀진다면 광고 준비까지 끝난 브랜드가 무용지물이 되는 경우가 생긴다. 따라서 브랜드 검색의 경우, 브랜드 전문가를 활용하는 것이 바람직하다. 출원은 직접 하더라도 검색만은 외부에서 전문가의 도움을 구하라.

2. 상표등록이 필요 없는 브랜드도 있다

모든 브랜드가 다 법적으로 보호되어야 하는 것은 아니다. 브랜드 중에는 수명이 짧은 브랜드도 있다. 슬로건으로 활용되는 브랜드나 수식 브랜드가 그것이다. 이 경우에는 브랜드를 조사하고 법으로 등록하는 데 시간을 보내는 것보다는 법적으로 보호받지 못하더라도 짧은 기간 동안 확실하게 사용하는 것이 더 효과적이다. 크다, 작다 등과 같은 성질표시 용어의 경우 상표등록이 되지 않는다. 이럴 경우, 슬로건과 함께 적절히 활용하여 단기간 동안 브랜드 이미지 구축을 위해서 활용하는 것도 한 방법이다. 꼭 상표로 등록해야 하는 것과 단기간 동안 효과적으로 사용해도 되는 것을 구별하는 지혜가 필요하다.

3. 꼭 필요한 브랜드는 기존 등록권자로부터 구입하라

브랜드를 등록하려고 했는데 타인이 먼저 등록한 경우에는 여간 낭패가 아닐 수 없다. 하지만 방법이 전혀 없는 것은 아니다. 기존의 등록권자에게 적당한 가격을 지불하고 상표권을 사는 것도 좋은 방법이다. 신규로 상표를 출원해서 등록받는 데에 평균 1년 정도가 걸린다. 브랜드의 경우, 시장의 진입 시기에 따라 성패가 좌우된다는 점을 생각한다면 당장에 목돈이 들더라도 독점권을 구입하는 것이 현명하다. 또한 이미 등록되고도 사용되지 않는 상표가 너무나 많기 때문에 이 모든 것을 피해서 좋은 브랜드를 개발하는 일은 하늘의 별을 따는 것처럼 어려운 일이다. 좋은 브랜드를 적당한 가격에 구입하여 나중에 자산 가치가 있는 메가 브랜드로 키우는 것도 전략이다.

4. 중국과 미국에서의 브랜드 검색도 필수적이다

해외 진출이 활발해지면서 국내 기업의 진출도 눈에 띄게 늘어나고 있다. 미국과 일본과 같이 이미 오래전부터 국내 기업들의 진출이 이뤄지고 있는 곳뿐만 아니라, 최근에는 중국으로의 진출도 활발하게 늘어가는 추세다. 따라서 어떤 브랜드라 하더라도 훗날의 시장 확장을 대비해서 미국, 중국, 일본 등과 같은 주요 국가에 미리 상표

출원을 해놓고 보호를 받아두는 것도 좋은 방법이다. 국내에 상표출원 작업을 진행하면서 해외 상표출원 작업도 병행하는 것이다. 해당 국가에 진출하기 전부터 브랜드를 법적으로 보호받는다는 것은 중요한 마케팅 수단을 미리 확보하는 것과 같다.

5. 개인 서비스업자도 브랜드를 법적으로 보호해야 한다

브랜드를 법적으로 보호받는다고 하면 흔히 대기업의 일이라고 생각하는 경향이 있다. 그러나 브랜드가 법적으로 보호받는다는 것은 제품뿐만 아니라 개인 서비스업까지 모두 포함하는 것이다. 식당, 가게 이름 역시 상표로 등록하면 법적인 독립권이 생겨나기 때문에 타인이 그 이름을 사용하고자 할 때 제지하거나 사용료를 받을 수 있는 권리가 생긴다. 그리고 향후 프렌차이즈 체인점을 할 수 있는 근거가 되기도 한다. 구멍가게를 구멍가게로 끝내느냐, 프렌차이즈로 키우느냐의 갈림길에서 당신은 무엇을 선택하겠는가.

KI 신서 594

3일이면 나도 브랜드 전문가

지은이 | 노장오

1판 1쇄 인쇄 | 2004. 7. 5.
1판 1쇄 발행 | 2004. 7. 10.

펴낸곳 | (주)북21
펴낸이 | 김영곤
책임편집 | 권정희 · 김기정
영업 마케팅 | 신민식 · 안경찬 · 이종률 · 박성인 · 김진갑
　　　　　　　이희영 · 박진모 · 이연정 · 박창숙
관리 | 이인규 · 이도형 · 고선미
제작 | 강근원 · 이영민

등록번호 | 제10-1965호
등록일자 | 2000. 5. 6.

경기도 파주시 교하읍 문발리 파주출판문화정보산업단지 500-11 2, 3층(413-756)
전화 | (031)336-2100(영업), (031)955-2121(기획 · 편집)
팩시밀리 | (031)336-2151
이메일 book21@book21.co.kr
홈페이지 www.book21.co.kr

값 12,000원
ISBN 89-509-0660-0 13320

Copyright ⓒ 2004 by 노장오